現場力の教科書

遠藤功

光文社新書

はじめに〜戦略と実行は一体のものである

2011年に光文社より『経営戦略の教科書』を出版し、嬉しいことに数多くの方に読んでいただきました。早稲田以外のビジネススクールの教科書や副読本として採用していただいたり、大学の入試問題（新潟経営大学）にも使っていただきました。

早稲田大学ビジネススクールで私が担当している授業は、「経営戦略」以外にもうひとつあります。その講義名は「組織のオペレーション」。自分で言うのも変ですが、どこかピンとこない名前ですね。

「オペレーション」と言うと、一般には「生産管理」や「バックオフィス」のような戦略性の低い、日常的なルーチン業務のように扱われがちです。

ビジネススクールでも、経営戦略やマーケティング、組織・人材、財務といった一般受けする「花形」科目のクラスやゼミに人気が集中します。「ビジネススクールでオペレーションを学びたい」などという奇特な学生は多くはありません。

実は、「組織のオペレーション」という講義で私が教えているのは、私のライフワークである「現場力」についてです。経営戦略を実行し、結果に結びつけるための「現場力」とは何か、どうしたら「現場力」を高めることができるのかを学ぶことが、この講義の主眼です。

ならば、講義名を「現場力」にすればよいではないか、と思われるかもしれません。確かに、そのほうが講義の内容をイメージしやすく、もっと人気も出るかもしれません。

しかし、私はあえて「組織のオペレーション」という講義名を、長年変えないでいます。それは、実際の経営や、学問としての経営学において、とかく〝軽く〟扱われがちな「オペレーション」というものの重要性を認識するところから、この講義をスタートさせたいという私なりの思いがあるからです。

この本のタイトルは、より多くの皆さんに興味を持ってもらうために、『現場力の教科書』としました。「組織のオペレーション」では、誰も興味を持たないと思ったからです。

しかし、そもそも戦略とオペレーションは別々のものではなく、一体として捉えてこそ初めて意味を持ちます。ですから、この本は『経営戦略の教科書ＰａｒｔⅡ』としての意味合いを持っています。

とはいえ、「オペレーション」というのは、きわめて曖昧な言葉です。その意味するところは実に多様で、画一的な定義は困難です。

国語辞典の『大辞泉』では、「機械などの操作。運転」と出てきます。確かに、ものづくりの工場ではそれで通用するかもしれませんが、工場のないサービス業や流通業、金融機関などにも「オペレーション」は存在します。

たとえば、流通業では店舗運営や在庫管理などが「オペレーション」に該当しますし、金融機関では伝票処理などのバックオフィス業務コールセンターを「オペレーション」と呼んだりしています。

業界によって、「オペレーション」が意味する内容は、大きく異なります。だからこそ、あえて日本語に翻訳せず、「オペレーション」という言葉を都合よく使い分けているのです。

さらに、「オペレーション」という言葉は、経営以外の分野でも使われます。『大辞泉』で調べてみると、「機械などの操作。運転」という意味合いと並んで、「作戦。軍事作戦行動」「外科手術。オペ」と出てきます。

軍事用語としての「オペレーション」は、作戦実行、すなわち生死を賭けたバトル（戦闘）を意味しています。そして、病院では人の命を救うための手術を「オペレーション」と呼んでいます。戦争や病院では、「オペレーション」とは「命を賭けた戦い」なのです。

戦争や病院で、「オペレーション」が弱かったり、稚拙《ちせつ》であれば、間違いなく死者や犠牲者が出ます。戦《いくさ》にも負けてしまうでしょう。

実は、企業も同様です。「オペレーション」が弱い企業は、戦略を結果に結びつけることができず、多くの犠牲を払わなくてはなりません。熾烈な競争を勝ち抜くことも困難です。「オペレーション」は、けっして「退屈な日常業務」などではありません。「命を賭けた日々の戦い」――私はこれこそ「オペレーション」の本質だと信じています。

それでは、その「オペレーション」を担っているのは誰か？

言うまでもなく、それは「現場」です。企業の現場こそが、経営戦略を日々の業務に落とし込み、粘り強くそれを実行することによって、経営戦略は実現され、結果に結びつけることができるのです。

経営戦略を現場に落とし込み、実行する組織能力こそが、「現場力」です。それは企業の「オペレーション」に内包されている、目に見えない力です。この「現場力」を磨くことなくして、経営戦略を実行することはできないのです。

戦争では、部隊によって戦闘能力に差があります。病院でも手術の巧拙は間違いなく存在します。同様に、企業の「現場力」にも大きな能力格差があります。

いくら経営戦略を学び、理詰めの戦略を策定しても、「オペレーション」が弱いままでは意味がありません。戦略と実行は一体のものであり、不可分の関係にあるのです。

多くの日本企業は、長年、「現場力」に立脚した経営をしてきました。トヨタや花王、コマツといった日本を代表するものづくり企業だけでなく、流通業やサービス業においても「現場力」は日本企業の競争力の柱でした。

しかし、「失われた20年」と呼ばれる停滞期、衰退期に、「現場力」を劣化させ、競争力の柱を失ってしまった企業も多いのです。いくら新たな成長戦略を打ち出しても、「現場力」という組織能力を回復させないことには、日本企業の再浮上はありえません。

どうすれば、「現場力」に磨きをかけ、もう一度強い「オペレーション」を構築することができるのか？　この講義で皆さんに学んでもらいたいのは、まさにその一点にあります。

日本には、数多くのビジネススクールがあります。「オペレーション」という科目を設置しているところは多いと思いますが、その多くはものづくり系の生産管理、在庫管理、品質管理などを主たる内容としたものです。学問的には「オペレーションズ・マネジメント」と呼ばれる領域です。

　おそらく、「現場力」という切り口で「オペレーション」を学ぶ講義を行っているのは、私だけではないかと思います。２００３年に、早稲田大学ビジネススクールでこの講義を担当するようになって以来、試行錯誤しながらその内容をブラッシュアップしてきました。

　本書では、早稲田大学ビジネススクールでの15回の講義＋３回の補講、計18回の講義内容を、可能な限り忠実にお届けしたいと思います。「経営戦略」の講義と同様に、毎回事例を取り上げ、具体的な企業の取り組みを理解しながら、「現場力」の本質に迫っていきます。

　ご紹介する事例は、私自身が実際に現場に赴き、自分の目で見て、自分の耳で聞き、自分の肌で感じたものが大半です。外からはなかなか窺《うかが》い知ることのできない「現場力」の実態に迫り、どうすれば競争力の根幹である「現場力」を高めることができるのかを、是非学んでもらいたいと思っています。

　さあ、「現場力」探求の旅に出かけましょう！

２０１２年９月

遠藤　功

現場力の教科書§目次

講義1　「現場力」とは何か？

ようこそ、遠藤功の「現場力」講座へ。これから補講を含む全18回の講義で、一緒に現場力を学んでいきましょう。

講義1のテーマは、現場力とは何かを理解することにあります。日本人は「現場」という言葉が大好きです。日本ほど現場を大切にしている国は世界にありません。

では、日本人がそれほど思い入れのある現場とは、そもそも一体どこを指すのでしょう？

そして、そこに潜む現場力とは一体何でしょうか？

経営の３つの要素

グローバル経済の進展、新興国の台頭、超円高、エネルギー問題など日本企業を取り巻く環境は大きく変化しています。そうした環境変化に対応するだけでなく、変化を先取りし、独自の価値を生み出し続けなければ、熾烈《しれつ》なグローバル競争の勝者になることはできません。

激変する経営環境の荒波を乗り越え、勝ち続ける「強い会社」になるためには、どうしたらよいのでしょうか？「強い会社」とは、単に収益性の高い「儲かる会社」や、株価・格付けの高い会社のことではありません。

そうした指標が無意味だとは言いませんが、利益や株価は所詮、企業活動の結果もたらさ

図表1　経営の3要素

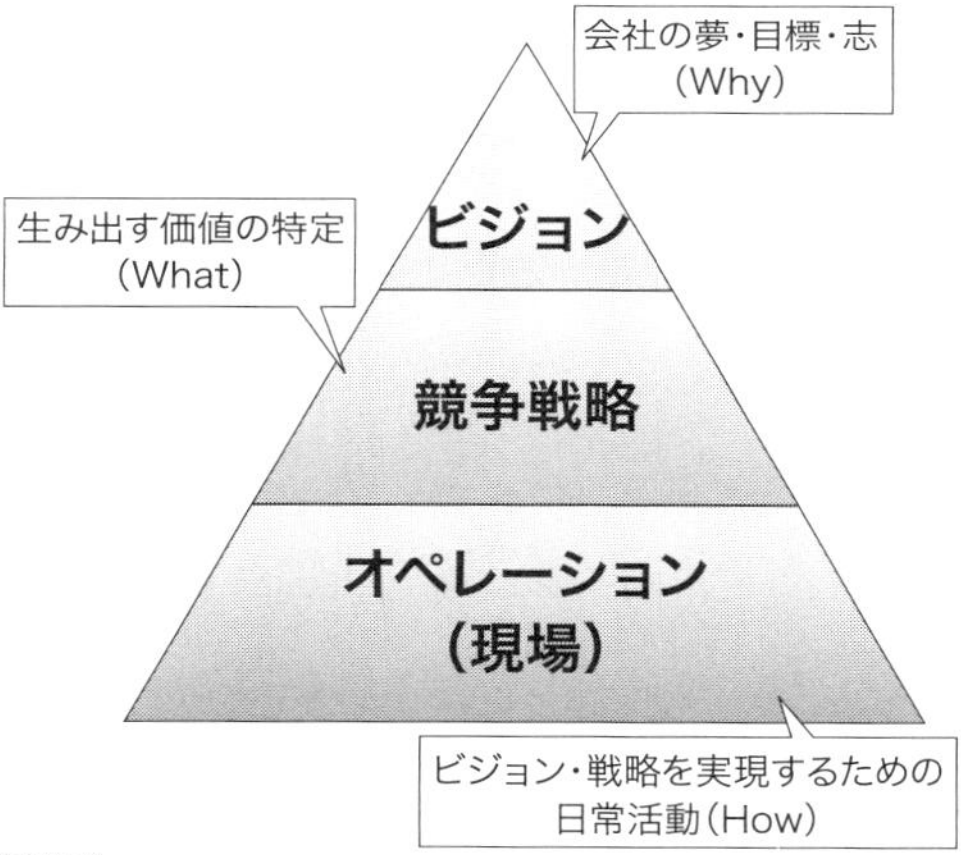

出典：著者作成

れる「影」の部分にすぎません。真に「強い会社」となるためには、経営の「実体」にまで遡《さかのぼ》って考える必要があります。

経営を非常に単純化して捉えると、3つの要素で成り立っていると考えることができます（図表1）。そして、それら3つの要素はそれぞれが独立した因子ではなく、互いに影響を及ぼし合う関係にあります。

1つ目の要素は、「ビジョン」です。会社が目指すべき夢・目標・志と呼んでもいいかもしれません。「自分たちはなぜ存在するのか？」という「Ｗｈｙ」を明らかにするものです。働く人たちが共感し、ワクワクするようなビジョンを経営者が掲げることが、経営の出発点と言えます。

2つ目の要素は、「競争戦略」です。これは、「自分たちはどのような価値を生み出すのか?」という「What」を明らかにするものです。

会社は常に競争に晒《さら》されています。厳しい競争を勝ち抜くには、自分たちはどのような「差別化された価値」を生み出すのか、どうしたら競争相手を上回る優位性を築くことができるのかを、冷徹に見極めなくてはなりません。どのような独自価値を生み出すのかを決めることによって、会社の方向性が定まるのです。

そして、3つ目の要素が、「オペレーション」です。オペレーションとは、ビジョンや競争戦略を実現するために必要な活動を、日々の業務として現場に落とし込み、着実に粘り強く実行することです。

「どのように価値を生み出すのか?」という「How」を担っているのが、オペレーションです。いくら高邁《こうまい》なビジョンを掲げ、理詰めの競争戦略を練っても、強靭《きょうじん》なオペレーションを確立しなければ、けっして成果は生まれません。

経営とは、ビジョン、競争戦略、オペレーションという3つの要素を磨き込み、整合性や一貫性を保ちながら、一体として運営することなのです。

ビジョンや戦略だけで勝つのは難しい

経営において、ビジョンや競争戦略の重要性は言うまでもありません。会社の誰もが共感する夢や目標を掲げることによって、社員のエネルギーを引き出すことができます。どのような独自価値を生み出すかという競争戦略を定めることによって、「戦う土俵」が絞り込まれ、適切な資源配分が行われます。

しかし、ビジョンや競争戦略を指し示すだけでは、厳しいグローバル競争に打ち勝つのはますます難しくなってきています。新興国からは日本企業を凌駕《りょうが》する規模の大きな競争相手が出現し、日本企業に対して「追いつけ、追い越せ」と熾烈な同質競争を仕掛けてきます。

たとえ独自の競争戦略を打ち出しても、それがユニークであればあるほど、模倣しようとする競争相手が出現します。たとえば、有望な新事業を開発したり、斬新な商品を生み出しても、特許などでそれを守らない限り、それに追随しようとする動きが必ず現れます。

もちろん、誰よりも先駆けて行うことによる「先行者メリット」はありますが、逆に先行者が苦労して手掛けた新事業や新商品を、追随者がいとも簡単に模倣してキャッチアップする、さらには追い抜くという事例も数多くあります。

つまり、ビジョンや競争戦略という要素だけで、持続的な差別化や優位性構築を実現するのは、ますます難しくなっているのです。

「現場力」という競争上の優位性

そこで、重要になるのがオペレーションによる差別化、優位性構築です。たとえ似たようなビジョン、競争戦略であっても、それを実行、実現する力が勝っていれば、厳しい競争に打ち勝つことができます。

企業活動のオペレーションには、「組織能力」が内包されています。同じような仕事をしていても、会社によってその能力にはとても大きな違いがあります。

ある会社では「これをやる！」と決めたら、全社一丸となって連携し、たとえ実行途上で問題が起きても、みんなで知恵を出しながら解決し、粘り強く実現に導くことができる。しかし、別の会社では個々人の動きがバラバラで、何か問題が生じるとそこで諦めてしまい、結果に結びつけることができない。このように、企業の持つ組織能力にはきわめて大きな違いがあるのです。

経営においてオペレーションを担っているのは、企業の現場です。その現場に内包されている組織能力、それこそが現場力です。現場力の有無、優劣が企業の業績にとても大きな影響を与えているのです。

現場とは価値創造に関わるすべての職場

それでは、現場とは一体どこを指すのでしょうか?

たとえば製造業では、現場と言うと工場をイメージする人が多いかもしれません。しかし、工場だけが現場ではありません。研究・開発の現場、営業の現場、物流の現場、アフターサービスの現場など、価値を生み出し、お客さまにお届けする活動に従事するすべての職場が現場です。

価値創造に従事するすべての部署が緊密に連携し、最適な仕事を行うプロセスを「業務連鎖」と呼びます。業務がひとつのチェーン(鎖)のようにつながり、価値を生み出すのです。個々の現場が頑張るだけでなく、業務連鎖全体のオペレーションを磨き込み、質の高いチェーンを生み出す必要があります。

また、現場が存在するのは、けっして製造業だけではありません。サービス業や流通業にも、現場は存在します。

航空や鉄道などの運輸業、ホテルやレストランなどの観光・飲食業、病院などの医療サービス、百貨店やスーパーなどの流通業など、私たちの身の回りには多様なサービス業、流通業が存在し、それぞれにサービスという価値を創造する現場があるのです。

オペレーショナル・エクセレンス

どの会社にも現場は存在します。同じ業種・業界であれば、現場で日々行われている業務内容に大きな違いはありません。それぞれの会社の現場では、似たような仕事を行っているはずです。

しかし、仕事の内容は類似していても、その現場にどのような能力があるのかはまったく別の話です。現場はあっても、現場力があるとは限りません。現場力という組織能力には、企業間に大きな格差があるのです。

現場力を磨き、卓越したオペレーションを構築することによって、差別化を実現することを「オペレーショナル・エクセレンス」と呼びます。卓越した現場力が、他社には真似のできない大きな優位性となっているのです。

高い組織能力に立脚した「オペレーショナル・エクセレンス」は、一朝一夕には実現できません。経営と現場が一体となった不断の努力がなければ、手に入れることはできません。

図表2　すべてはお客さまのために

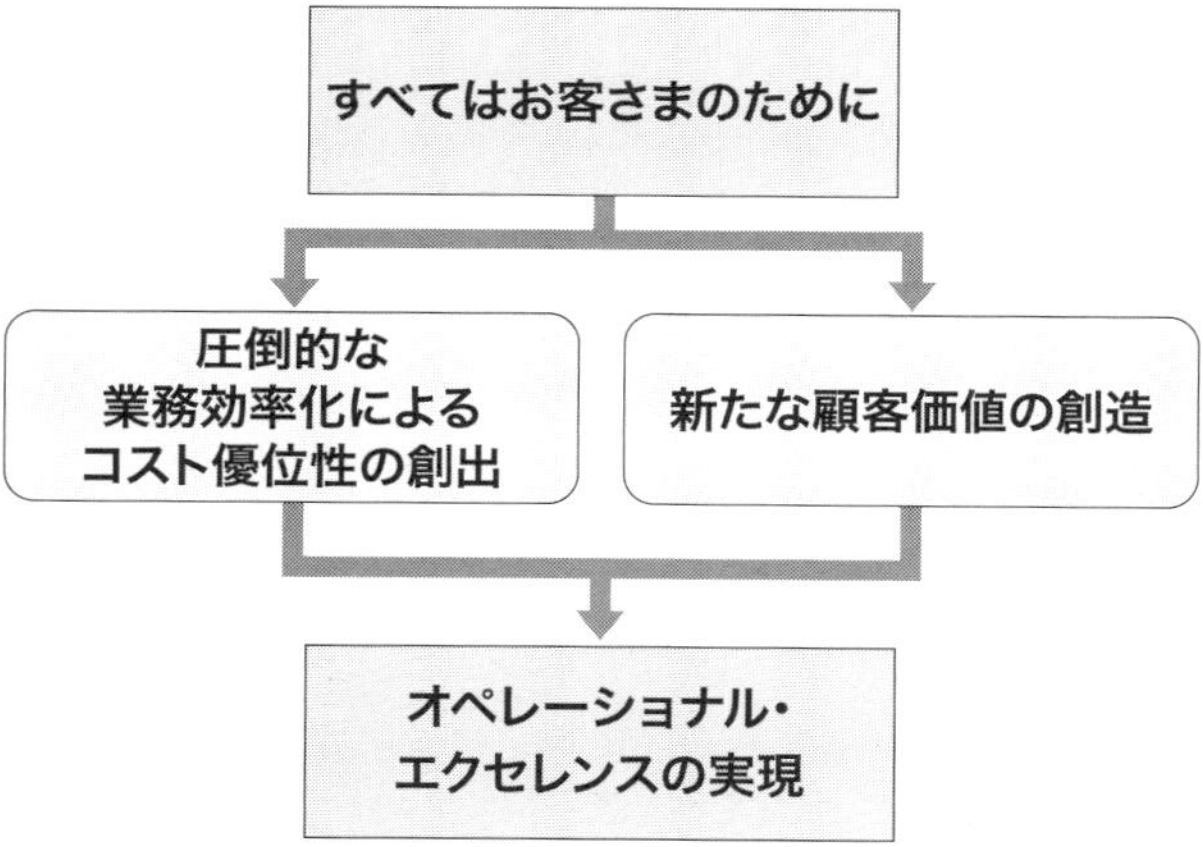

出典：著者作成

しかし、だからこそ現場力による差別化は持続的な優位性をもたらします。競争戦略が模倣されやすいのに対し、組織能力である現場力は真似しようとしてもそう簡単にはできません。現場力という競争力は、企業の大きな優位性の源泉となるのです。

すべてはお客さまのために

「オペレーショナル・エクセレンスの実現を目指す」と言うと、企業内部の論理によって効率化、合理化を進めるというように捉える人もいるかもしれません。オペレーション＝企業内部のことと考えがちです。

しかし、すべてのオペレーションはお客さまのために存在します（図表2）。業務連鎖の行き着く先は、常にお客さまです。「オペレーショナル・エクセレンス」の追求は、あくまでも〝お客さまのために〟行うべきものです。

それでは、「オペレーショナル・エクセレンス」が目指すべきゴールとは一体何でしょうか。

1つ目は、「圧倒的な業務効率化によるコスト優位性の創出」です。これは、オペレーションにおける様々なムダや非効率を排除し、スリムで淀《よど》みのない仕事の流れ、仕組みを生み出すことです。

社内には様々なムダや非効率が存在します。それをそのまま放置すれば、高コストとなり、お客さまにリーズナブルな価格で商品やサービスを提供することができなくなります。現場力によって、効率性の高いオペレーションを実現し、最適コストを追求し続けることが求められます。

2つ目のゴールは、「新たな顧客価値の創造」です。企業活動のオペレーションは、単に決められた仕事を淡々とこなすだけではありません。

アンテナ機能の高い現場は、日々のオペレーションを通じて、様々な「気付き」を得ることができます。そうした現場の気付きが大きなヒントとなって、新たな商品やサービスを生み出すことにつながるのです。

お客さまの不満や不便、不都合は、新たな価値創造の「芽」であり、商品開発、サービス開発の重要な起点となります。現場がお客さまを「背負う」ことによって、新たな価値創造につながるのです。

ケーススタディ1　利益を生み出すことができる花王の現場

国内のトイレタリー市場で、長年トップに君臨する花王。洗剤の「アタック」、シャンプーの「メリット」、紙おむつの「メリーズ」などの定番商品で知られ、2006年にはカネボウ化粧品を買収しました。

2011年3月期の連結売上高は、約1兆2000億円。連結の営業利益は約1050億円。熾烈な競争が繰り広げられているトイレタリーや化粧品市場で、長年10％近い営業利益率を稼ぎ出す安定した収益力を誇っています。その持続的な高収益を支えているのが、花王の現場力です（図表3）。

花王の収益性は、以前は今のように高いものではありませんでした。たとえば1980年頃の収益性は、5％程度で低迷していました。

収益改善の大きな起爆剤となったのが、1986年に始まった「トータル・コスト・リダクション」（TCR）というコスト削減活動です。TCRの基本は「利益に直接貢献する」こと。開発、生産、販売、物流など、全社全部門が一体となって、収益改善に

図表3　花王の売上高・経常利益推移

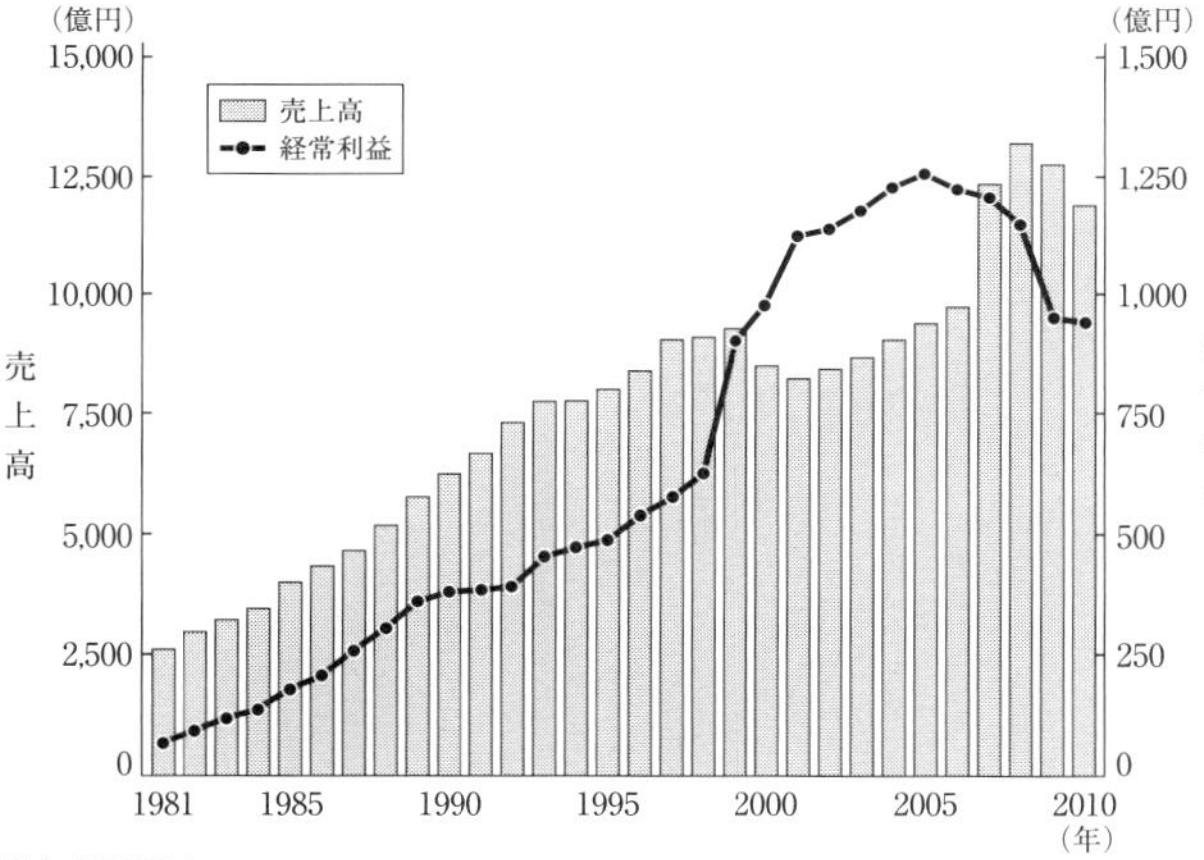

出典:SPEEDA

直結する改善活動に継続的に取り組むのです。

その代表例が、1987年に発売され、洗濯用洗剤で長年シェア1位の座にある「アタック」です。発売開始から25年が経過する「アタック」は、その間に数十回もの商品改良を積み重ねてきました。

従来型洗剤の1回当たりの使用量は40gでしたが、当初発売した「アタック」は25gと大幅に削減。95年に発売した「新コンパクトアタック」では、さらに20gへと減らすことに成功しました。

洗浄力の決め手となる界面活性剤の

使用量も徐々に減らしながら、洗浄力は大幅に向上させています。さらには、包装容器などにも工夫を凝らし、従来型に比べ包装材料を半減させ、材料費のみならず物流コストの大幅削減にもつなげています。

一つひとつは小さな改善ですが、それを積み重ねることによって大きな効果に結びつけています。花王では、「小さな改善でも、それを10年続けられればイノベーション(技術革新)になる」と信じられているのです。

「アタック」は、ＴＣＲの取り組みの一例にすぎません。同様の取り組みがあらゆる商品、機能で行われていて、年間１０００件を超えるコスト改善策が現場から提案され、実行に結びつけられています。

驚くことに、花王は１９８６年以降、ＴＣＲによって年間１００億円のコスト削減を17年間も続けたのです。全社的な取り組みによって1年や2年、同様の効果を上げている会社は数多くありますが、20年近くにわたって改善を愚直に続け、大きな効果を上げ続けている会社はきわめて稀です。

実際、ＴＣＲの効果は売上高原価率に顕著に表れています。１９８０年代初頭は60%台でしたが、２０００年以降は40%台の前半にまで低減させることに成功しています。

実に20％もの改善です。

ＴＣＲは、トップダウンとボトムアップの融合によって推進されています。経営トップはＴＣＲにコミットし、テーマ設定や人材確保に積極的に関与します。その一方で、実際の取り組みは現場起点で推進し、現場の知恵やアイデアを最大限に活かしています。

花王は全社一丸となった地道な改善・改良の継続によって、利益を生み出すことができる組織能力を確立したと言えるのです。花王にとって、利益は結果ではなく、自分たちの知恵で生み出すことができるものなのです。

ＴＣＲはその後も、進化を続けています。ＴＣＲの頭文字は変わらないものの、その内容を高度化し、新たなテーマに挑戦し続けています。１９９０年からは仕事の仕方と仕組みを変える「トータル・クリエイティブ・レボリューション」へ、２００７年からは価値創造の連鎖を構築する「トータル・チェーン・レボリューション」へとレベルアップさせ、組織能力のさらなる向上へとつなげています。

また、ＴＣＲ活動のグローバル化にも取り組んでいます。英語版のパンフレットを作成し、現地従業員への教育を実施したり、ＴＣＲ推進室のメンバーが海外の現地法人を回り、普及・指導に努めています。

海外でも草の根的な小さな活動を愚直に行い、目先の効果だけでなく、現場力という組織能力を育成することに力を注いでいます。既に、タイ工場などではボトムアップによる大きな効果を上げ始めています。

その根底にあるのは、花王の企業文化とも言える「現状不満足の精神」です。現状に満足することなく、全社で健全な危機意識を常に持ち続けてきたことが、花王の現場力の進化のベースとなっているのです。

講義2　戦略と現場力の整合性

図表４　競争戦略とオペレーションの関係性

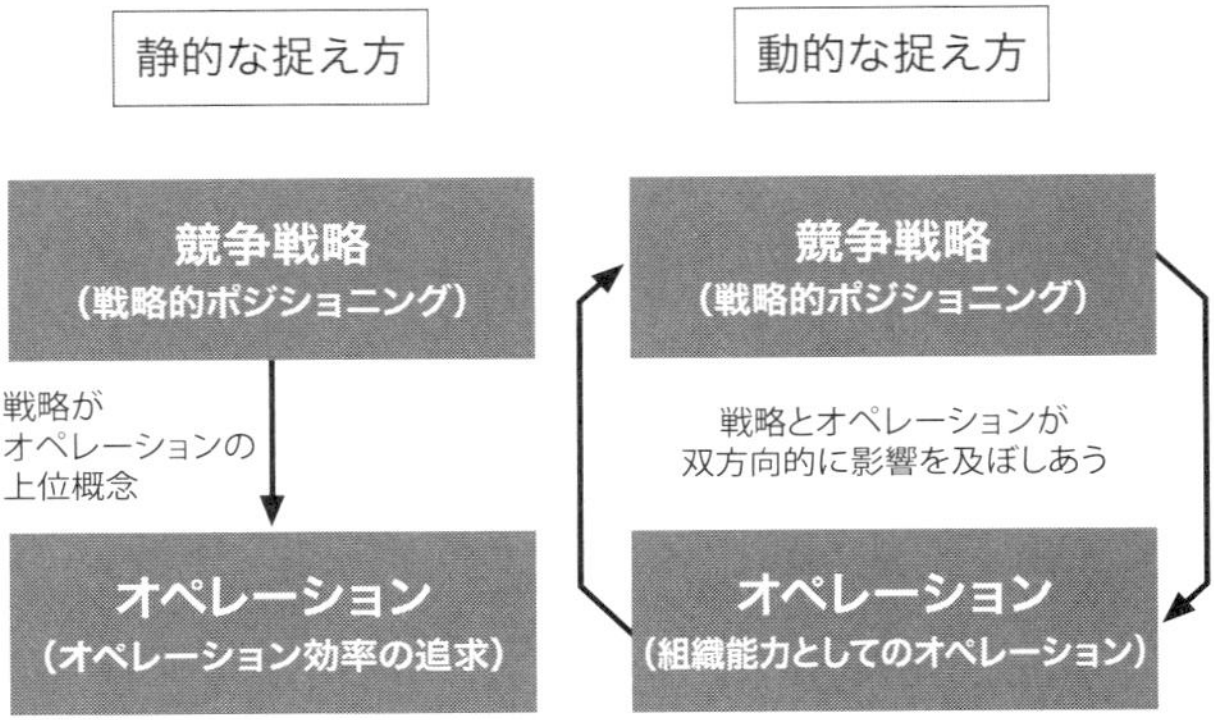

出典:「一橋ビジネスレビュー2007」

戦略と現場力は一体のもの

一般的に、競争戦略と現場力を内包するオペレーションはまったく別のものと考えられがちです。実際、ビジネススクールでも競争戦略を教える先生とオペレーションを教える先生はたいてい異なります。研究領域としては、まったく違うテーマと位置付けられています。

特に、米国のビジネススクールではこの傾向が顕著です。競争戦略はオペレーションに対して常に上位概念であり、「戦略こそすべて」という考え方が強いと言えます。オペレーションを「静的」なものとして捉えています（図表４）。

その考え方が一概に間違っているとは言えませんが、実際の企業経営、特に日本企業の経営においては、競争戦略とオペレーションを切り離して考えることはできません。なぜなら、オペレーションは戦略の実行を担うとても重要な部分であり、ダイナミック（動的）なものだからです。

経営とは優位性の構築を競うゲームです。独自の戦略によって優位性を構築することはもちろん可能ですが、一方で、実行を担っているオペレーションで優位性を構築するという考え方もありえます。もちろん、戦略とオペレーションの両面で他社を凌駕する優位性を構築することも不可能ではありません。

実際のビジネスにおいては、競争戦略とオペレーションはどちらが上位という関係ではなく、相互に影響を及ぼし合う不可分の関係にあると考えることが必要です。

具体的に言えば、競争戦略が明確になることによって、どのようなオペレーションを構築すべきか、別の言い方をすれば、戦略の実行に必要となるどのような組織能力を構築すべきかが決定されます。

逆に、自社にどのような組織能力があるのかを見極めることによって、どのような競争戦略が適切なのか、妥当なのかということも決まってきます。

まさに、戦略とオペレーションを一体として捉え、持続的な優位性構築の可能性を探ることが大切なのです。

なぜ花王は情報機器事業から撤退したのか

競争戦略とオペレーションが不可分であることのひとつの事例として挙げられるのが、講義1のケーススタディで取り上げた花王です。

花王は1998年、フロッピーディスクやCD‐ROMなどを手掛けていた情報機器事業からの撤退を決断しました。収益的には不振だったものの、売上高は当時の全社売上高の約1割を占める800億円規模の事業でした。フロッピーディスクはシェア1位を占めていた時期もあります。

社内には反対意見もありましたが、後藤卓也社長（当時）はそれを跳ね返し、撤退の決断を下しました。売上高800億円の事業の撤退は、経営トップしかできない英断です。

当時、情報機器事業が赤字であったことが理由であると一部では語られましたが、それが最大の理由ではありません。たとえば、花王が手掛けている化粧品ソフィーナは長年大きな赤字を出していましたが、その後も撤退することなく黒字化に結びつけています。

花王が情報機器事業から撤退した真の理由は、情報機器製品の技術的変化があまりにも速く激しいために、同社の持ち味である「地道な改善・改良」という組織能力を活かすことができないと判断したからです。つまり、「戦う土俵」を選択する競争戦略と、自社が持つ組織能力にミスマッチがあると考えたのです。

いくら情報機器事業の成長性が高く魅力的な分野であっても、その事業において求められる組織能力が不足していたり、不適合を起こしたりしていたのでは、持続的な優位性を築くことはできません。

もちろん、新たな事業分野に挑戦することによって、新たな組織能力を獲得するという考え方もありえます。しかし、新たな組織能力の構築には時間がかかり、けっして一筋縄ではいきません。

後藤社長は、トイレタリーをはじめとする家庭用品事業という本業でも十分に成長が可能であり、自社の強みである現場力を活かしうる分野に注力することが望ましいという経営判断を行ったのです。

大切なのは、競争戦略とオペレーションの整合性、一貫性を確保することです。「この戦略を実行するためには、どのような組織能力が必要なのか?」「自社固有の組織能力を活かしたら、どのような新たな戦略が考えられるのか?」というように、戦略とオペレーションを一体のものとして捉えることが重要です。

「ビジネスモデル」とは何か

近年、「ビジネスモデル」という言葉をよく耳にします。インターネットなどの新たな情報通信技術(ICT)を駆使して、これまでにはなかった新たな事業形態を設計、構築するという意味で使われることが多いのですが、曖昧な使われ方も散見します。「あの会社のビジネスモデルは……」などと使われますが、定義が曖昧なため、却《かえ》って分かりにくくなってしまっています。

私は、ビジネスモデルとは「競争戦略とオペレーションを合体させた収益モデル」と定義しています(図表5)。すなわち、戦略とオペレーション(もしくは組織能力)の整合性、一貫性を担保し、高収益を上げるビジネスを構築することがビジネスモデルです。そして、それは経営そのものであるとも言えます。

持続的な優位性を構築している会社は、競争戦略とオペレーションの整合性をとても大切にしています。先ほど述べたように、花王もその視点を重視し、成長分野である情報機器事

図表5　「ビジネスモデル」とは何か？

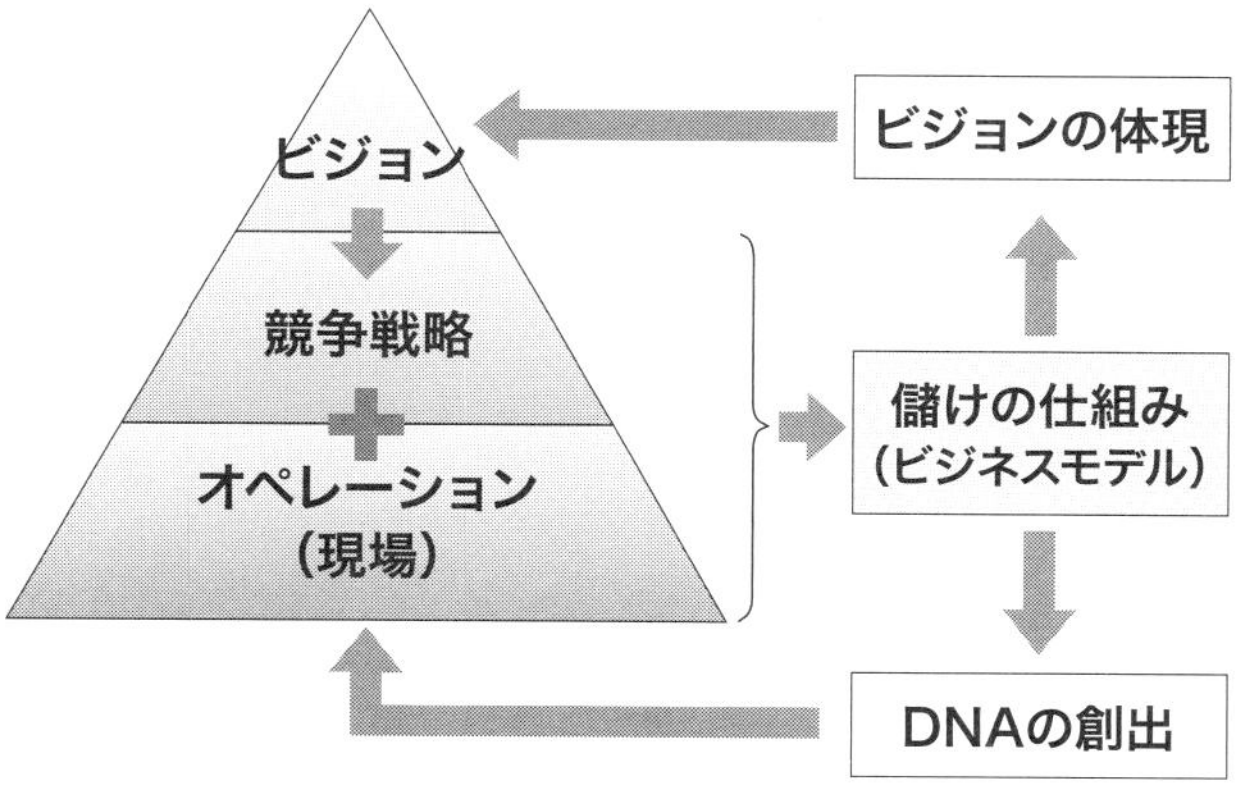

出典：著者作成

業からの撤退を決断しています。

戦略は戦略、オペレーションはオペレーションと別々に考えるのではなく、それらを一体のものと捉えることによって、どのような「儲けの仕組み」を構築するのかという発想をすることが求められているのです。

「資源ベースアプローチ」と現場力

こうした考え方は、経営戦略理論の中でも徐々に重要視されてきています。私の「経営戦略」の講義を受講した方（もしくは『経営戦略の教科書』を読まれた方）は理解していると思いますが、経営戦略研究といっても多様な考え方、視点、切り口が存在します。

最も有名なのは、ハーバード・ビジネス・

スクールのマイケル・ポーター教授が打ち出した「ポジショニング理論」です。私の「経営戦略」の講義でも、「自分たちはどのようなポジションをとるべきか」を柱に、合理的な経営戦略を立てるための考え方を学んでいます。

１９９０年代に入り注目を集め始めたのが、「資源ベースアプローチ」(Resource-Based View) という考え方です。これは、「戦略は企業内の資源に着目して考えることが大事ではないか」という観点から生まれたコンセプトです。

企業は「資源の集合体」であり、それぞれ持っている資源も能力も異なります。市場や競争という外部要因に着目するよりも、むしろそうした内部要因を重視するべきだという考え方から生み出されたものです。

この考え方では、資源を「有形資産」「無形資産」「組織のケイパビリティ」の３つに分類しています。つまり、企業が保有する資産の量と質、そして独自性のある組織能力こそが、企業が優位性を構築するための源泉であるとしています。

この講義で学ぶ現場力という考え方は、まさにこの「資源ベースアプローチ」という概念に立脚したものなのです。日々のオペレーションを遂行する現場のケイパビリティ、つまり現場力こそが競争力の源であるという考え方は、グローバル競争が熾烈化する中で、ますます重要になってきています。

しかし、ここで誤解してはいけないのは、「ポジショニング理論」と「資源ベースアプローチ」は相容れないものではなく、共存させてこそ初めて意味があるということです。研究者たちはそれぞれの「自説」の正当性を主張するでしょうが、実際の企業経営は理論を超えた複雑でダイナミックなものです。戦略とオペレーションの整合性、一貫性を担保することは、ポジショニングとケイパビリティの整合性、一貫性を確保するということを意味します。

戦略とオペレーションが一体となった時、「極立つ」経営は初めて実現されるのです。

ケーススタディ2　戦略と組織能力の一貫性で世界一を実現したトヨタ

日本の現場力のお手本となる企業の代表例が、トヨタ自動車です。自動車業界のみならず、世界中のものづくり企業がトヨタから学ぼうとしています。

特に知られているものが、「トヨタ生産方式」（Toyota Production System）です。ヘンリー・フォードなどが開発した戦前の自動車生産方式を研究し、豊田喜一郎氏らが提唱していた考え方を、大野耐一氏（元副社長）らが体系化したトヨタ独自の生産方式です。

必要なものを、必要な時に、必要な量だけつくるという「ジャスト・イン・タイム」（JIT）の発想、「7つのムダ」、自働化、見える化など、トヨタ独自のコンセプトや手法、仕組みが考案され、スリムでムダのない生産活動を推進してきました。

その中の柱のひとつが、「改善」です。現場の知恵を最大限に活用し、より効率的な仕事のやり方や品質向上策を考案・実行したり、作業上の安全を確保する取り組みです。

トヨタの生産現場での改善提案件数は、年間60万件以上。それらは年間数千億円のコストダウンに結びついています。

トヨタにおける改善の取り組みは、生産現場だけにとどまりません。研究開発、販売、管理部門など、全社のあらゆる部門で改善の取り組みが行われ、定着しています。

2001年に制定されたトヨタにおける共通の価値観を明文化した「トヨタウェイ2001」には、「知恵と改善」「人間性尊重」という2つの柱が定められています。

改善こそが「トヨタらしさ」を示す最初の柱として掲げられているのです。現状に満足せず、よりよい仕事のやり方、仕組みを追求するために、知恵を絞り続け、改善することがトヨタで働く人たちに求められています。

日本のものづくり企業の多くでは、トヨタ同様改善活動に取り組んでいます。しかし、表面的には似たような取り組みをしていても、トヨタのように改善が現場に浸透している企業は決して多くありません。

それでは、なぜトヨタでは改善がここまで現場に根付いているのでしょうか？

それは、トヨタにおける改善がその競争戦略と密接に結びつき、改善の取り組みなしに戦略を実現することは困難であったからです。

トヨタは高品質でありながら、リーズナブルな価格の車を開発・生産・販売することで、世界中の支持を集めてきました。カローラに代表される「値頃感」のある車を生み出すことこそが、トヨタの競争戦略だったのです。

しかし、一言で「値頃感」のある車と言いますが、その実現は容易ではありません。普通にやっていたのでは、品質を良くすればコストは上がる、コストを下げようとすれば、品質を犠牲にせざるをえなくなります。

この二律背反の問題を現場の知恵で克服し、両方を満足させる車をつくるためには、知恵を出し続け、地道な改善を続けるという現場力を磨くことが不可欠だったのです。まさにトヨタの現場力は、その戦略を実現するために必要な組織能力として磨かれてきたのです。

世界一を実現したトヨタでは、その後品質問題が多発し、かつての勢いを失ってしまいました。その理由のひとつは、トヨタを世界一の座に押し上げた現場力の劣化にあります。

トヨタは2001年に「グローバルビジョン」を打ち出し、「2010年代初めに世界で15%のシェアを獲得する」という中長期目標を設定しました。その後、トヨタ車は世界で人気を獲得し、2008年には既に目標を実現してしまったのです（図表6）。

図表6　トヨタの生産実績

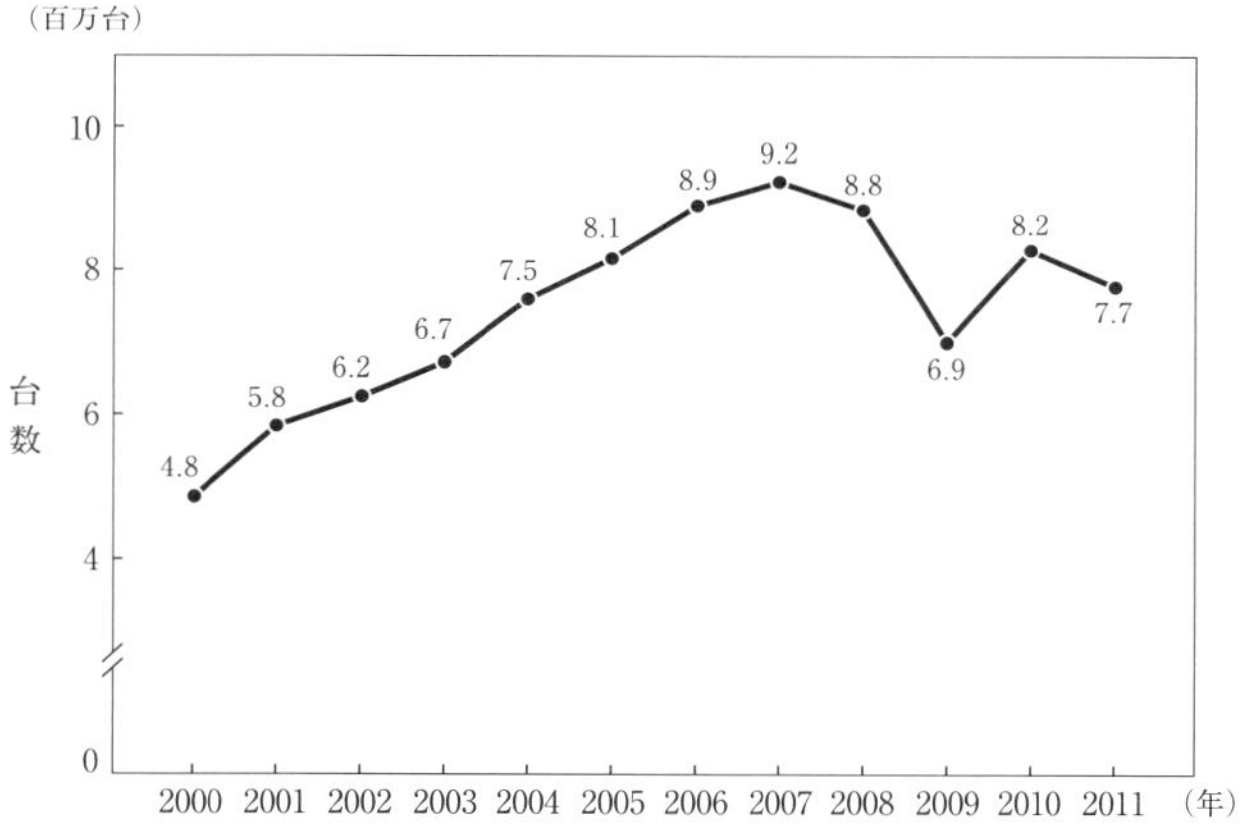

出典：同社IRデータ

しかし、グローバル生産を急拡大させたトヨタの生産部門や部品を供給するサプライヤーの現場は、この急成長についていくことができませんでした。当初の計画以上に加速した戦略に、現場力という組織能力が追いつくことができなかった結果、世界的な品質問題を引き起こし、失速してしまいました。

戦略を実現する組織能力が伴ってこそ、戦略は初めて意味を持つのです。

講義3　バリューセンターとしての現場

現場は多様な価値を生み出している

企業会計では、現場は「コストセンター」であると位置付けられています。確かに、オペレーションを担う現場にかかるコストは会社全体のトータルコストに占める比率が高く、それを低減させることは企業の収益上きわめて重要なテーマです。ですから、現場は常に効率化、生産性の向上を追求しなければなりません。

しかし、現場はコスト低減以外にも、商品やサービスの品質、リードタイム（納期）、カスタマーサービス、安全など様々な価値創造を担っています。これらの価値は、現場が主体的に取り組むことなしに生み出すことは不可能です。

つまり、現場にはコストセンターとしての側面だけでなく、価値を生み出す「バリューセンター」の役割もあるのです。コストダウン、品質向上、納期短縮、サービス向上、安全確保など、企業の競争力に直結する価値創造こそが、現場の使命であり、存在意義なのです。

現場をコストとして位置付けたことによる弊害

日本経済が低迷した「失われた20年」と呼ばれる期間に、多くの日本企業は現場を「コスト」と位置付け、目先のコストダウンに奔走しました。

人件費を削減するために、正社員を減らし、非正規社員で対応する。本来、自社内で取り組むべき業務まで、外注化（アウトソーシング）する。運動会や社員旅行といった現場の一体感を高めるために不可欠な行事や活動を止めてしまうなど、現場の能力や士気を劣化させるようなことを行ってきました。

その結果、日本企業の生命線であった現場力は大きく劣化してしまいました。現場は単なるコストセンターへと成り下がり、日本企業の国際競争力低下の大きな要因のひとつとなったのです。

現場を単純にコストとして見れば、とかく品質やサービスを犠牲にして、身を削る発想になりがちです。たとえコストが１００かかっても、現場はそれを上回る１１０の価値を生み出せばよいのです。それこそが、バリューセンターの発想です。

もちろん、１００のコストを99、98と下げる努力は不可欠です。しかし、現場の使命はけっしてコストを下げることだけではないということを常に自覚する必要があります。現場の能力は無限であり、多様な価値を生み出すことができるエンジンなのです。

図表7　現場力を測る5つのものさし

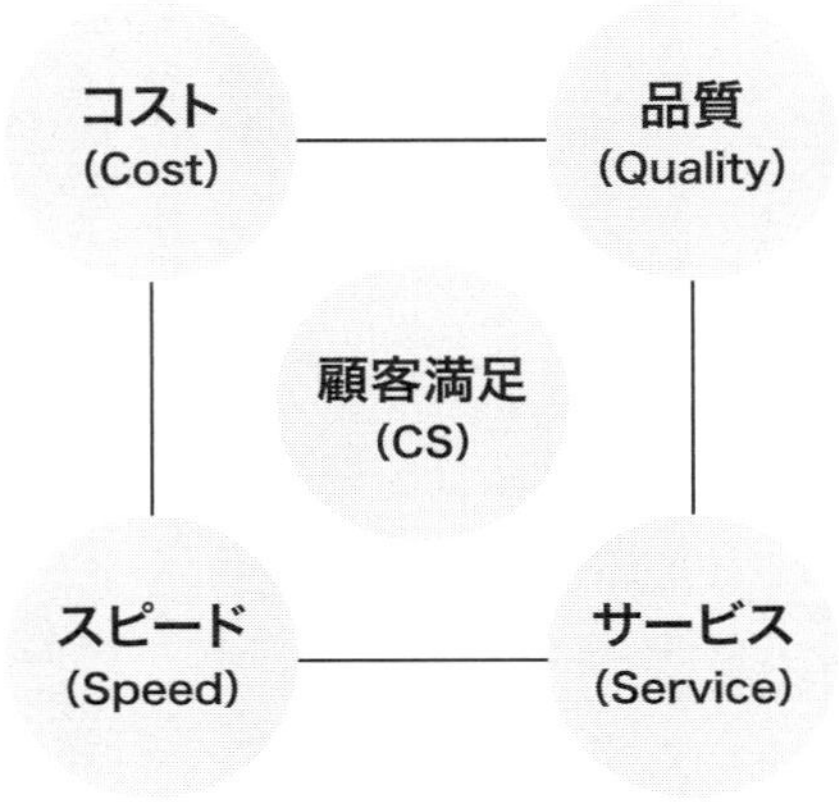

出典：著者作成

現場力を測る5つのものさし

多様な価値を生み出す現場力を測るものさしとして、一般的に次の5つを挙げることができます（図表7）。これら以外にも、たとえば「安全」などの指標もありますが、多くの企業に共通するものは以下の5つと言えます。

(1) コスト：業務上のムダを徹底的に排除し、効率的なオペレーションを実現することは、すべての現場における根幹となる価値です。

(2) 品質：オペレーションにおけるミスや失敗を撲滅し、業務品質を高めることによって、商品やサービスの価値を高めることにつながります。逆に、現場におけるたったひとつの業務品質の劣化が、最終的に商品やサービスの不良を招きます。

(3) スピード：オペレーションにおける適切な判断と意思決定、実行の速さは、現場が生み出す大きな価値です。いくら品質が高くても、時間がかかってしまったのでは、価値は大きく目減りしてしまいます。

(4) サービス：機能的サービスだけでなく、お客さまの琴線《きんせん》に触れるような質の高い情緒的サービスの提供は、明確な差別化につながります。

(5) 顧客満足：以上の4つのものさしは、いずれも最終的には顧客満足（CS）の向上に収斂《しゅうれん》します。顧客満足度というものさしによって、お客さまの総合的な評価を確認することが必要です。

現場力はこれらのものさしを用いて、継続的に測定することが大切です。組織能力である現場力は、少しでも手を抜けば劣化しかねません。現場力の成果を数値化し、愚直に現場力を鍛えることが肝要です。

二律背反の克服

前述した5つのものさしのうち、結果指標である顧客満足を除く4つは、一見、互いに矛盾するように思えるかもしれません。コストを下げることによって、品質やサービスが劣化してしまうこともありえます。逆に、品質やサービスをよりよくしようとすれば、コスト高になりがちです。

しかし、コストは下がったが品質やサービスが悪くなったり、反対に品質やサービスはよくなったがコストが大幅に上がったりしたのでは意味がありません。これでは、とても現場力があるとは言えません。

真の現場力とは、一見両立が困難と思えることを高い次元で実現させることです。この「二律背反の克服」こそが、真の現場力の証《あかし》なのです。

品質やサービスを維持した上で、コストダウンを実現する。時には、品質やサービスをよりよくした上で、コストダウンにも挑戦する。これらを実現するためには、現場起点の知恵やアイデア、創意工夫が不可欠です。

一見相矛盾する2つ以上の事柄を、現場主導の地に足の着いた粘り強い努力と知恵の積み重ねで克服する。その実践によってのみ、現場力という競争力は鍛えられていくのです。

逆ピラミッドの三角形

現場力を備えた強い現場は、上からの指示がなくても、自分たちで知恵を出し、二律背反の問題に挑戦します。自主性、自発性、自律性は、現場力の最も重要な要素です。

そのためには、経営トップや本社スタッフが現場を信頼し、必要な責任と権限を現場に委譲することが不可欠です。たとえ現場が力を発揮しようとしても、現場に対する信頼が欠如していたり、与えられている権限が不十分であれば、現場は能動的に対処することができません。

講義1において、経営の3要素である「ビジョン」「競争戦略」「オペレーション」を構成するピラミッドを紹介しました。経営の指針であるビジョン、競争戦略はトップダウンで示されなければなりません。

しかし、企業経営にはもうひとつピラミッドが必要です。それは、「逆ピラミッドの三角形」です（図表8）。戦略の実行、実現に必要なのはこの三角形なのです。

戦略の実行、実現を担うのは、現場です。現場にどのような組織能力が内包されているかによって、戦略が実現できるかどうかが決まります。

図表8　逆ピラミッドの三角形

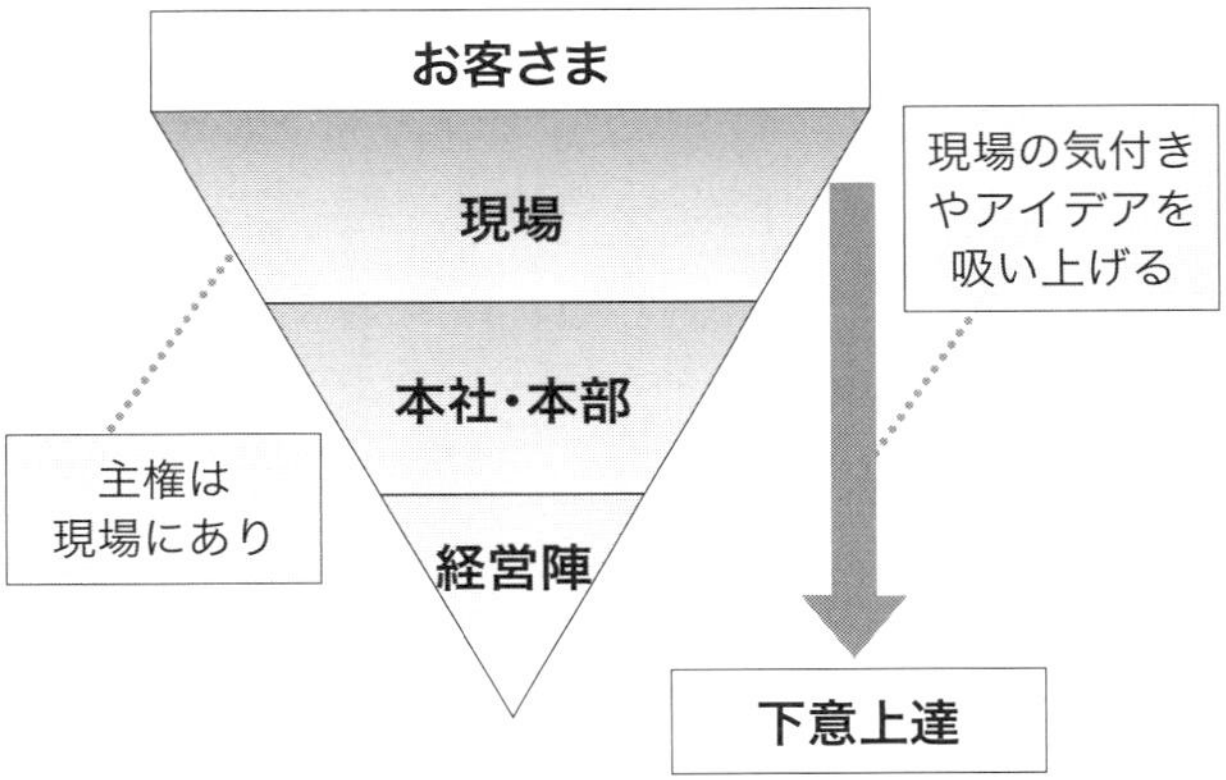

出典：著者作成

日々の業務を遂行し、多様な価値を生み出すべき現場の組織能力が低ければ、お客さまを「背負う」ことなどできません。現場こそが、戦略実行のエンジンなのです。

本社や本部、そして経営陣は、戦略実行を担う現場をサポートする立場にあります。現場に任せるべきは現場に委《ゆだ》ね、現場が実行しやすい環境や仕組みを構築することが本社や経営陣の使命と言えます。

とはいえ、すべての問題を現場だけで解決することはできません。本社や経営陣が全社的な視点で判断した上で、解決すべき問題も数多くあります。

しかし、その際にも現場の声や気付きはとても重要です。経営トップや本社が決めたことを現場に落とし込む「上意下達」だけでなく、現場の知恵やアイデアを吸い上げ、意思決定に反映させる「下意上達」の仕組みも同時に備わっていなければなりません。

責任と権限の委譲、そして下意上達の取り組みによって、現場の持っている潜在能力は遺憾なく発揮されます。トップダウンのピラミッドと、ボトムアップの逆ピラミッドが両輪で回ってこそ、強い企業は生まれるのです。

ケーススタディ3　現場から新事業を生むヤマトホールディングス

１９７６年に宅急便事業を開始し、生活に欠かせない社会インフラに育て上げたヤマトホールディングス。初年度わずか１７０万個だった取り扱い個数は、２０１１年度には14億個を超えています（図表9）。

「個人向け荷物は儲からない」という周囲の反対を押し切って、宅急便事業を始めた故小倉昌男氏は、「ただ荷物を運ぶだけでなく、顧客の満足を創造する」という理念のもと、新たな市場創造に尽力しました。

その起点となったのが、現場の気付きと声。様々な要望や不満を持つお客さまと接している現場の声に耳を澄ませることによって、新たなサービスを次々と打ち出していきました。

スキー宅急便やクール宅急便などのサービスも、現場の気付きから開発されたものです。ヤマトは顧客の要望に耳を澄ませ、ニーズを汲み取る現場を起点にして、新たな需要を創出してきたのです。

図表9　ヤマトの宅急便取り扱い個数推移

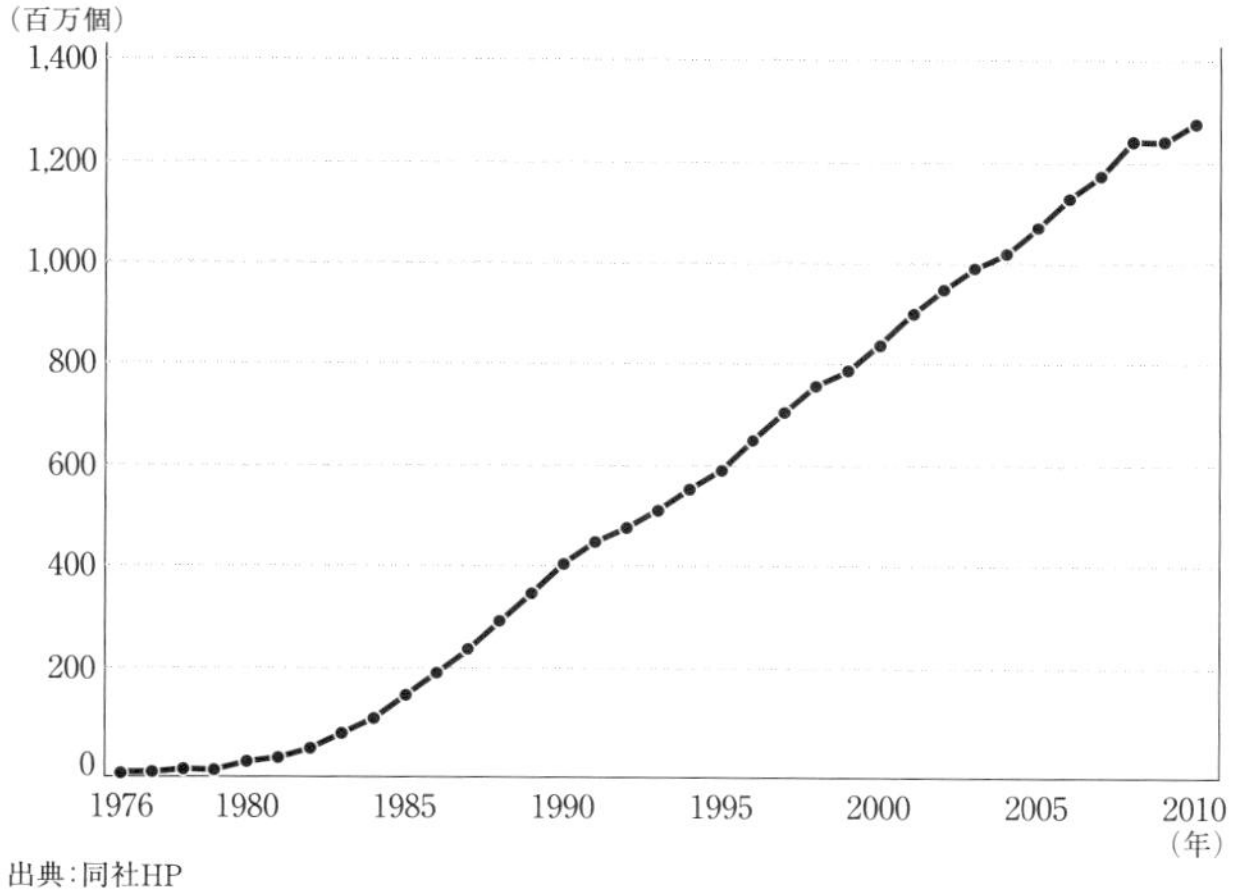

出典：同社HP

「現場こそがアイデアの源泉」と瀬戸薫会長は強調します。「荷物がなければ創り出す」というヤマトの事業創造力を支えているのは、まさに現場の気付きなのです。

他社との競争も激しくなり、増加の一途を辿《たど》ってきた国内の宅配便市場は、ここにきて減速感は否めません。

しかし、ヤマトでは「まだまだ需要は掘り起こせる」と国内での成長を追い続けています。

ここでも行動の起点となっているのは、やはり現場。5万5000人のセールスドライバーや後方部隊が、お客さまの要望や不満に耳を傾け、そこから新サービスを組み立てようとしています。

そのひとつが家電修理サービス。壊れたPCやデジカメなどの家電を宅急便で回収し、修理した上で、お客さまに届ける。回収・修理・配送を一貫して行えることがヤマトの強みです。回収から配送まで最短で3日というように、従来の家電修理の常識を打ち破るサービスを提供しています。

2009年に開始したこのサービスは、約40億円の初期投資を行い、茨城県土浦市に「茨城メンテナンスセンター」を設立。今では月間1万個前後の家電が持ち込まれています。

木川眞社長は、「需要の後追いではなく、需要増を後押しする新サービスを」と現場に発破をかけます。長引く景気低迷で、需要が冷え込んでいると考えがちですが、需要がないのではなく、足りないのは新たな視点で需要を創造する気付きと知恵なのです。

ヤマトの現場はただ荷物を運ぶだけのコストセンターではなく、知恵を生み出すバリューセンターとして機能しています。そこにヤマトの競争力の本質があるのです。

講義４　現場力とは自律的問題解決能力

強い現場をつくる3つの条件

それでは、現場がバリューセンターとして機能するためには、何が必要なのでしょうか？

オペレーションを担っている現場は、日々決められたルーチン業務を確実に遂行することが求められています。しかし、決められたことを着実にこなすことは、現場の最低限の役割であり、それだけでは他社と差別化できません。単なる「業務遂行型の現場」では、生き残ることは困難です。

競争優位となりえる現場力を手にするためには、次の3つの条件をクリアしなければなりません。

(1) 現場で発生する様々な問題を、自主的、自発的、自律的に解決しようとする強い意志、柔軟な頭脳、強靭な足腰を持っている。

(2) 一部の人間だけでなく、現場のすべての人間が問題解決に取り組み、貢献する組織にまで高められている。

(3) 現場力を徹底的に磨き上げることによって、競合他社をはるかに凌駕する競争上の優位性を生み出している。

現場力を磨く目的は、「自律的問題解決能力」によって、競争相手にはない独自の価値を全員で生み出すことです。

したがって、現場力とは個人の能力に依存する「点」の力ではなく、全員参加による「面」の力です。日々の業務を淡々とこなすだけの「業務遂行型」に甘んじるのではなく、みんなの知恵やアイデアを最大限に活かす「問題解決型の現場」を目指さなくてはなりません。

問題は現場力を高める梃子《てこ》

どの企業でも、どの現場でも、大小様々な問題が日常的に発生しています。問題のない企業、現場は存在しません。企業活動とはある意味、次々と発生する「問題との格闘」であると言っても過言ではありません。

大切なのは、こうした問題に対して、現場がどのように向き合うかです。

強い現場は、様々な問題に積極的に向き合い、自らの意思で問題解決に取り組もうとします。問題が解決できれば、自分たちの競争力が高まることを熟知しているので、問題から逃げようとしません。

一方、並みの現場はルーチン業務をこなすことだけに終始し、問題解決を本来の業務だとは思っていません。ひどい現場になると、問題自体を隠そうとします。それでは、競争力が高まるはずもありません。

問題解決とは、「Make it better」（よりよくする）ということです。コストが高ければ、創意工夫して下げる。品質が劣化していれば、みんなで知恵を出して改善する。「Make it better」の意識をみんなが持ち、それを実践していることが、強い現場の条件なのです。

「問題」とは何か？

これまで「問題」という言葉を当たり前のように使ってきましたが、そもそも企業活動における「問題」とは何でしょうか？

企業活動における問題とは、「本来こうなっていなくてはならない」という目指すべき姿と現状とのギャップのことです。「あるべき姿」と現実が乖離《かいり》している状態が問題なのです（図表10）。

図表10　問題とは何か？

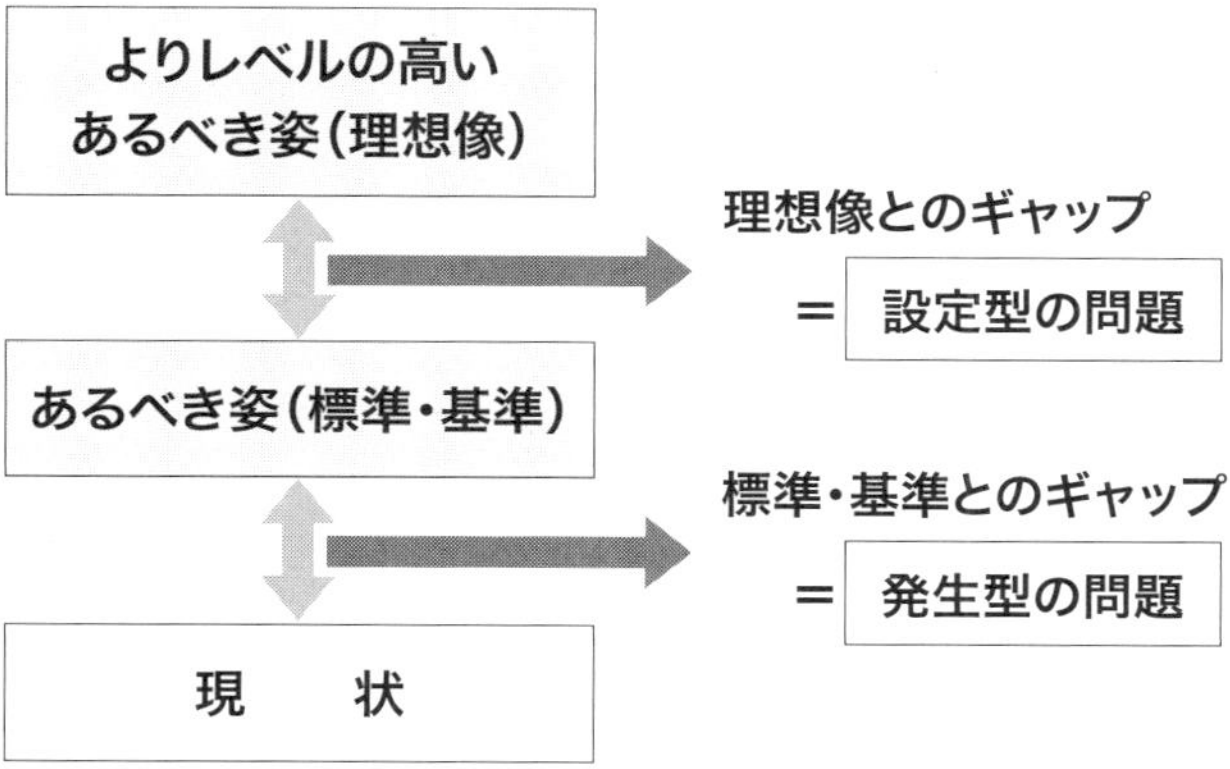

出典：著者作成

たとえば、本来なら100円で作らなければならない商品があるとします。今、100円で作っていれば、それは「問題がない」状態です。

しかし、今110円かかっているとしたら、それは明らかに「問題がある」状態です。みんなで知恵を絞り、100円に収めなくてはなりません。

このように、問題を特定するためには「あるべき姿」、つまり「標準」や「基準」を明確にする必要があります。100円が標準コストとして設定されることによって、110円が問題であることが認識されるのです。こうした問題を「発生型の問題」と呼びます。

「標準」「基準」の重要性は、コストだけではありません。品質や納期、サービスレベルなどにも、「標準」「基準」を設定しなければなりません。

すべてのオペレーションにおいて、「標準」「基準」の設定はきわめて重要です。なぜなら、それがなければ、問題そのものが浮かび上がってこないからです。

「設定型の問題」によって現場力を磨く

それでは、「標準」「基準」さえ守っていれば、問題は存在しないのでしょうか？

そうではありません。現在設定されている「標準」「基準」をクリアしていても、そこで満足することなく、よりレベルの高い「標準」や「基準」を設定する。そのことによって、新たなギャップが生まれ、新たな問題が設定されます。これを「設定型の問題」と呼びます。

たとえば、現状設定されている１００円という標準コストをたとえクリアしていても、さらなる高みを目指し、「よりレベルの高いあるべき姿」を90円と設定する。その実現を目指し、みんなで知恵を絞り、90円を実現させる。そして、次には80円に挑戦する。

このように、問題は無限に自分たちで設定できるのです。「Make it better」に終わりはありません（図表11）。

図表11　「設定型の問題」で現場力を磨く

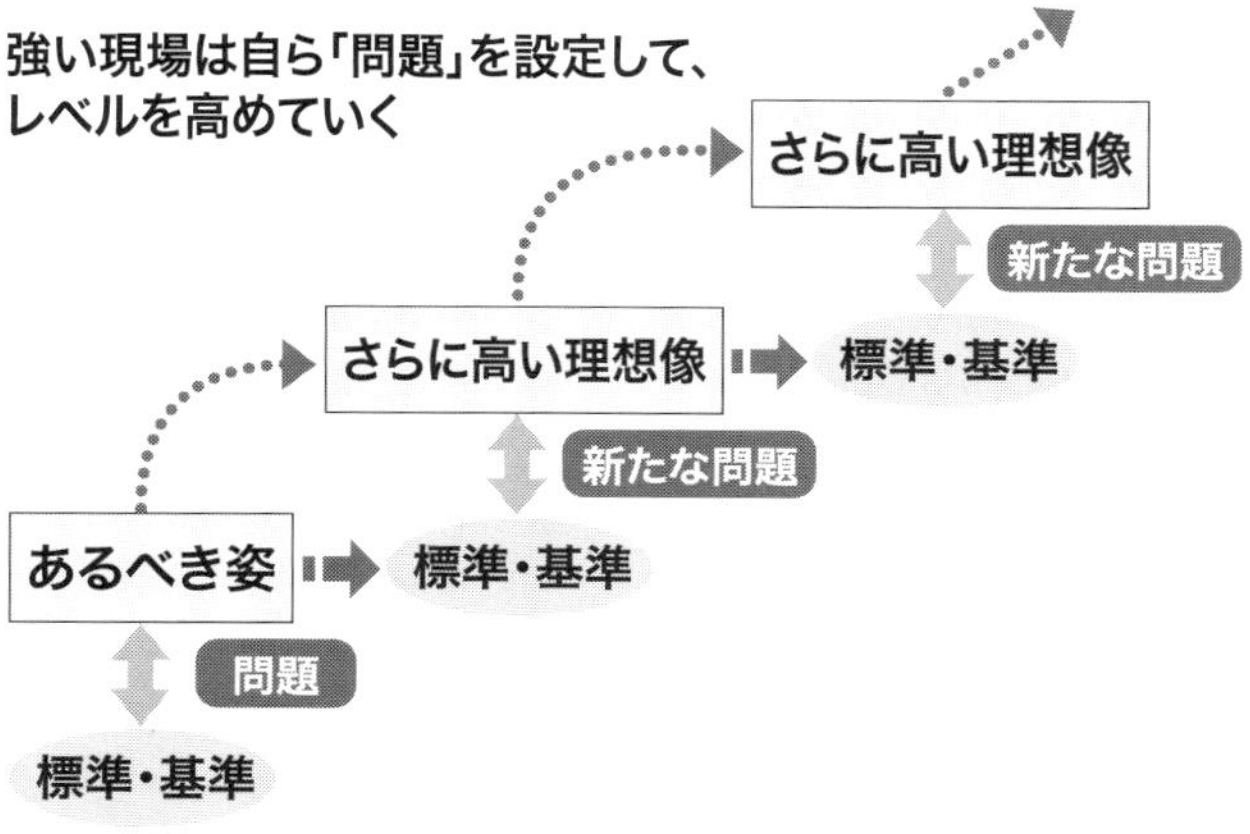

出典：著者作成

講義2のケーススタディでご紹介したトヨタでは、こうした設定型の問題を次々に現場自らがセットし、コスト改善や品質改善を進めています。継続的な問題解決の取り組みが、最強の現場をつくるのです。

ケーススタディ４　奇跡の現場力で絶大な人気を獲得した旭山動物園

今や北海道の人気スポットとなった、旭川市の旭山動物園。２００６年の来園者数は年間３００万人を突破し、上野動物園と肩を並べる人気動物園となりました（図表12）。その後は人気も落ち着きましたが、それでも２０１０年の来園者数は２００万人を超えています。廃園の危機が噂された１９９６年には26万人にまで落ち込んでいたので、まさに奇跡の復活です。

この北国の小さな動物園を「全国区」に引き上げたのは、「行動展示」と呼ばれる独自の展示方法。動物本来の習性や行動を引き出して伝えたいという思いが、斬新でユニークな展示を生み出してきました。

水にダイブするホッキョクグマ、水中を鳥のように泳ぐペンギン、ものすごいスピードで遊泳するアザラシの姿を見せるなど、これまでの動物園の常識を覆《くつがえ》す斬新でユニークな展示方法が次々と試みられています。

そうしたユニークな「行動展示」を考案し、実現しているのは、現場の飼育員の人た

図表12　旭山動物園来園者推移

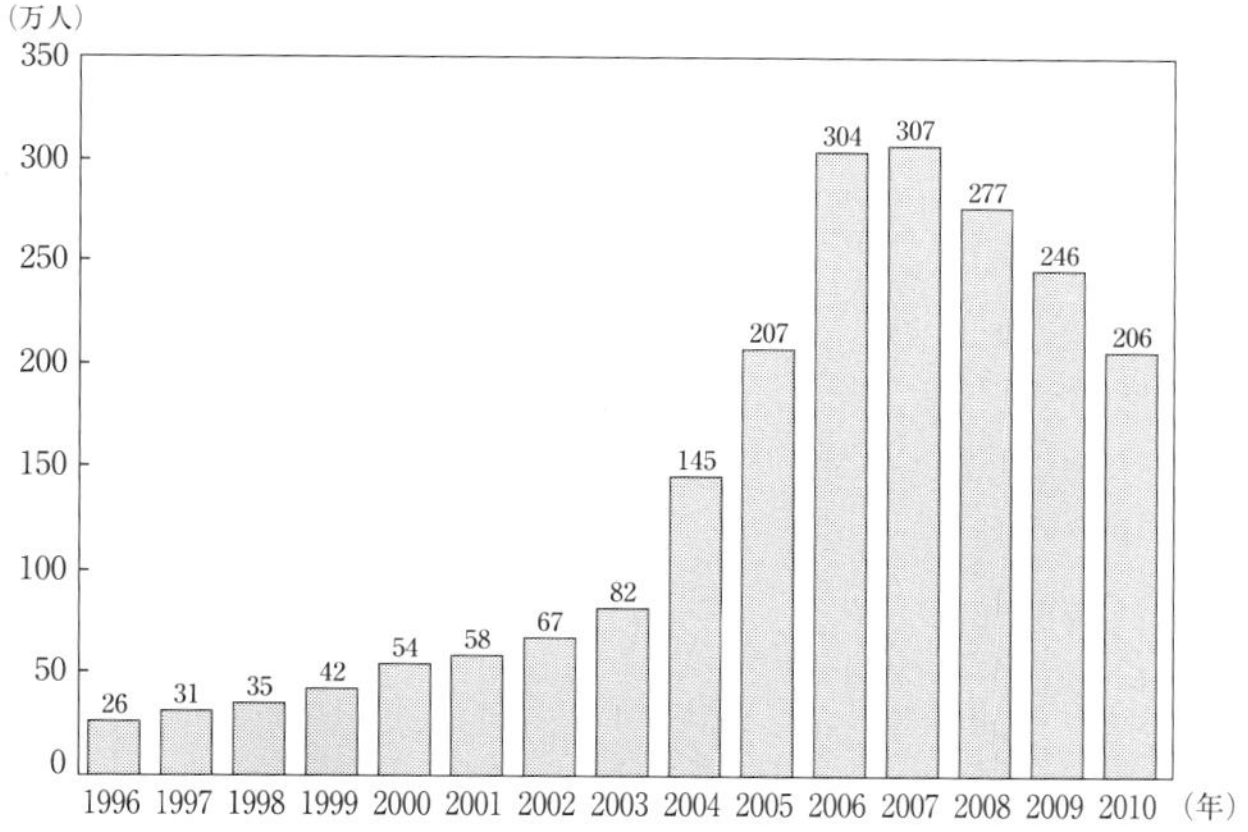

出典：同社HP

ちです。彼らの仕事は、動物の飼育をすることだけではありません。動物が秘める能力のすごさをいかに「伝える」かが、彼らの重要な仕事です。ですから、この動物園では飼育員とは呼ばずに、「飼育展示係員」と呼んでいます。

今でこそ人気動物園となり、大掛かりな展示施設を建設することができるようになりましたが、以前は貧乏のどん底。お金がかかるものはまったく作ることができませんでした。

しかし、それでも旭山動物園の現場は、動物のすごさを分かりやすく伝えるためのお金のかからない創意工夫を地道に続けていました。ある係員は、鳥のことを調べているうちに、「鳥に餌をあげようと果物を置いていたら、野生のアカハナグマに先に食べられてしまった。ロープに吊るすなどして工夫したが、ことごとくアカハナグマに取られた」というエピソードを知りました。

この行動こそアカハナグマの「すごさ」だと感じた係員は、さっそく展示方法を工夫しました。アカハナグマの運動場に一本の針金を渡して、針金にロープを結んでバナナを吊るしたのです。

すると、アカハナグマは壁を登り、細い針金を渡り、さらにロープを手繰り寄せてバナナを手に入れました。たった一本の針金を渡しただけですが、それによってアカハナグマが本来持っているユニークな行動が引き出されたのです。

とかく大規模な展示施設にばかり目が行きがちですが、実は「行動展示」の本質はこうした現場発の小さな工夫の積み重ねにあるのです。

旭山動物園のこうした現場力は、いかにして生まれたのでしょうか？　その最大の要因は、「何でも自分たちでやったこと」にあります。

この動物園はいつ廃園になってもおかしくない、とても貧乏な動物園でした。お金がない、ノウハウがない、人がいないなど山ほど問題を抱えていました。係員たちは必要なもの、欲しいものをすべて自分たちで作らざるをえない状況にありました。

立入禁止の看板や来園者用のベンチ、動物の特徴を説明するパネル、来園者に配る無料のニュースレターなど、何でも自分たちで工夫し、手作りで対応し、数々の問題を乗り越えてきました。そうした知恵と努力の積み重ねが、この動物園の問題解決能力を高め、類稀《たぐいまれ》な現場力に結実したのです。

制約や逆境こそ、現場力を高める絶好のチャンスであることをこの動物園は教えてくれています。

講義5　平凡の非凡化

小さな改善の積み重ねが大きな成果を生む

問題解決を行うということは、言い換えれば「改善」を実践するということです。現状に満足することなく、「Make it better」を目指し、問題を見つけ、知恵を出し合って解決する。問題解決と改善は同義語です。

現場力が卓越し、「オペレーショナル・エクセレンス」を実現している会社には、業種にかかわらず、ひとつの共通点があります。それは、「すべての現場で改善が当たり前のように行われ、定着し、根付いている」ことです。

多くの企業で、改善がトップダウンや本社主導で行われていますが、その多くは「やらされ感」「マンネリズム」が蔓延《まんえん》し、活性化した取り組みになっていません。改善の重要性を現場が正しく認識し、「改善こそが自分たちの本業」だという思いを持って取り組むというレベルにまで至っていないのです。

「目先の改善だけやっても、会社はよくならない」と主張する人がいますが、こういう人は改善の本質が分かっていません。トヨタの張富士夫会長は、「改善は永遠であり、無限である」と指摘し、「改善を生み出す現場の力こそがトヨタを支えている」と語っています。

また、「トヨタウェイ2001」の中では、「『改善』活動は改革のインキュベーターである。なぜなら、それは『変化を受け入れる風土』を創り出すからだ」という高橋朗元副社長の言葉が紹介されています。

知恵を生み出す人材のことを、ピーター・ドラッカーは「ナレッジ・ワーカー」と呼びました。実践を通じた地に足の着いた知恵（ナレッジ）のことを「実践知」と言います。改善を通じて、実践知を生み出すナレッジ・ワーカーこそが、現場力という競争力の主役なのです。

改善の3つのレベル

改善と一口に言っても、その深さや効果の大きさによって次の3つのレベルに分けることができます。

・初級レベルの改善：自分の持ち場の業務の見直しなど、足元の改善。一見小さなことでも、改善による変化や効果を自覚することによって、「Make it better」の意識が高まる。

・中級レベルの改善：前後の部門を巻き込んだ改善や、業務プロセス全体の改善。大きなムダは部門間をまたいだところにある。他部門を巻き込んだクロス・ファンクション的な取り組みによって、より大きな改善効果の実現を目指す。

・上級レベルの改善：自分自身で改善に取り組むだけでなく、改善ができる人、しようとする人を育てる。改善の重要性、視点や手法などを共有し、問題解決力のある人材を育てる。

改善は実に奥の深い取り組みです。足元の改善で力を付け、徐々にレベルアップさせ、高度な改善ができる人材を育成することが、現場力という競争力を手に入れるためには不可欠です。

業務の3つの特性

改善活動の主たる対象は、言うまでもなく「業務」です。仕事のやり方、仕事の流れ、仕事の仕組みを変える業務改善を行うことによって、より効率的で、効果的なオペレーションが実現されます。

業務には次の3つの特性があることを、まずは理解する必要があります。

(1)　業務は「肥大化」する：仕事は放っておくと、間違いなく増殖します。次から次へと新しい仕事は増え続け、業務量は雪だるま式に膨らんでいきます。だからこそ、不必要な業務や付加価値の低い業務を意識的に削らなくてはならないのです。

(2)　業務は「個別化」する：人は自分のやりたいように仕事をしたいものです。もっと効率的な仕事のやり方があっても、それを知らないがために、非効率な自分のやり方に固執しがちです。だからこそ、標準化が必要なのです。

(3)　業務は「陳腐化」する：業務改善を行い、効率的な仕事のやり方を一旦は確立しても、それが未来永劫最も効率的なやり方である保証はありません。現場を取り巻く環境は常に変化し、仕事のやり方に影響を与える新たなテクノロジーも生まれます。業務は見直した瞬間から、陳腐化するのです。

このように、業務は常に見直しを行い、改善を続けなければなりません。業務が肥大化するまま人員の手当てをしたり、個別化を放置して、標準化を行わなかったり、見直した業務を長年そのまま固定化していたのでは、競争力が高まるはずもありません。

「業務改善の必要性は分かるが、忙しいからできない」という声をよく耳にします。しかし、この考え方は本末転倒です。忙しいからこそ、仕事のやり方を根本から見直し、より効率的な業務を継続的に追求しなければならないのです。

業務改善は、「暇になったからやるもの」ではありません。常に業務の棚卸しを実施し、改善をし続けなければ、「停滞」どころか「退歩」してしまいます。継続的な業務改善を行うことは、競争力強化のための最低条件なのです。

よい「くせ」を付ける

一見平凡と思われることを愚直に続けることこそが、実は非凡なことなのです。改善も同様です。多くの会社では、せっかく全社的な改善運動を開始しても、長続きしなかったり、マンネリに陥ったまま放置している例が数多く見られます。

逆に、トヨタや花王では改善が一人ひとりの社員の「行動習慣」として身に付き、組織の「くせ」にまで昇華しています。本社や上司の指示がなくても、常に「よりよくしよう」とする意識が根付き、日々の行動習慣として実践されているのです。

よい「くせ」は、けっして改善だけではありません。ロー・コストの追求やスピードを、「くせ」として磨いている会社もあります。機能間、部門間のスムーズな連携・協力を前面に押し出し、「チームワーク」「協業」を「くせ」として強みにしている会社もあります。

どのような「くせ」を身に付けるべきかを明確にし、日々の業務において全員が常に意識し、実践することによって、よい「くせ」は行動習慣として身に付くのです。

よい「くせ」とは組織能力そのものであり、企業の競争力の柱です。よい「くせ」を持つ企業は、間違いなく強い現場を築いています。

一方、現場力に問題がある会社では、悪い「くせ」が見受けられます。何をやっても続かない、意思決定やアクションが遅い、個人プレーが先行し、チームで動くことができないなどの行動習慣は、組織能力の欠陥を表しています。そして、悪い「くせ」は、間違いなく企業の競争力の足を引っ張ります。

無意識の行動習慣こそ本物の現場力

トヨタや花王の改善のように、よい「くせ」を身に付けた会社も、最初からそのようなよい「くせ」があったわけではありません。長年にわたる継続的な取り組みを通じて、よい「くせ」にまで高めてきたのです。

どんな組織でも同じですが、最初は「無意識・低い能力」（ステップ0）からスタートし

図表13　無意識の行動習慣

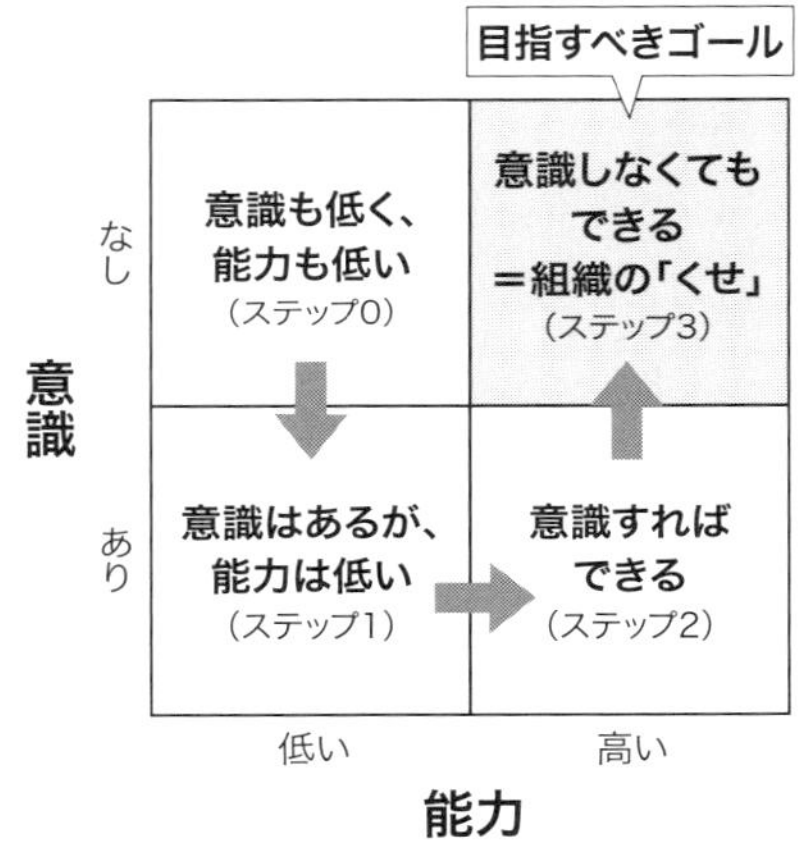

出典：著者作成

ます（図表13）。意識もなく、努力もせずに、高い能力を得ることはできません。

次に、「意識・低い能力」（ステップ1）へ移行します。どのような能力を磨き、どのような「くせ」を身に付けるかを決め、「意識」するように心掛けます。しかし、この段階では、まだ「能力」は低い状態です。

やがて、「能力」は徐々に高まり、意識すればできるようになります。「意識・高い能力」（ステップ2）へと移行したのです。

多くの会社はここで落とし穴にはまります。「意識すればできる」をゴールと勘違いし、継続的な取り組みを止めてしまうのです。実は、この段階では「意識しなければできない」状態なので、意識が低下することによって、能力は劣化し、やがてステップ0へと逆戻りしてしまいます。

本当の勝負はステップ2からです。経営トップと現場が一体となり、粘り強い取り組みによって、「意識しなくてもできる」状態を目指さなければなりません。よい「くせ」とはこの状態を指します。つまり、「無意識・高い能力」（ステップ3）こそが目指すべきゴールなのです。

トヨタや花王は数十年にわたる継続的な取り組みによって、改善を組織能力として磨き、「無意識でもできる」状態をつくり上げてきました。

多くの会社の改善が「一過性の活動」（Activity）であるのに対し、トヨタや花王の改善は「持続的な組織能力」（Capability）にまで高められています。表面的には似たような取り組みでも、それは「似て非なるもの」です。

現場力強化にマジックはありません。一見、平凡な取り組みを愚直に続ける。組織能力という持続的優位性は、そこからしか生まれてこないのです。

有事の現場力vs平時の現場力

２０１１年３月11日の東日本大震災以降、現場力という言葉がよく聞かれるようになりました。確かに、甚大な被害を受けた被災地での救済、復旧において、日本の現場力は遺憾なく発揮されました。

自衛隊、消防、警察といった官の現場力に加えて、被災した民間の現場もひとつにまとまり、底力を発揮しました。寸断したサプライチェーンが約3ヶ月で復旧したのは、まさに現場の懸命な努力の賜物です。

この大震災で発揮された現場力は、「有事の現場力」と言うことができます。非常事態において、現場がひとつにまとまり、大きな力を発揮することはもちろん素晴らしいことであり、賞賛に値します。

しかし、本当の現場力はこうした有事の時ではなく、平時の時に培われるものです。何気ない日常において、現場が多くの知恵を出し、様々な手を打つことができているかどうかが何より大切です。これを「平時の現場力」と呼びます。

いざ何かが起きた時に対処するだけでは、並みの現場力にすぎません。普段からどのような心構えで、どのような取り組みが行われているのかが問われるのです。

写真1：サンドビック瀬峰工場

ケーススタディ5　現場力を磨き、世界一になったサンドビック瀬峰工場

スウェーデンの大手切削《せっさく》工具メーカー・サンドビックの瀬峰《せみね》工場が宮城県栗原市にあります（写真1）。操業開始は1976年。工具用の超硬チップを生産しています。

この工場は日本有数のレベルの高い現場力を誇っています。工場の基本である「5S」（整理・整頓・清掃・清潔・躾《しつけ》）が徹底され、そのレベルは桁違いです。自主的な改善が定着し、大きな成果を生んでいます。

瀬峰工場はQ（品質）、C（コスト）、D（納期）の3要素において、サンドビックグループ内トップの実績を達成し、世界三大工場のひとつとして認定されています。日本のものづくりの危機が叫ばれる中、お手本となるような工場と言えます。

しかし、この工場はかつてはそうではありませんでした。コストが安い中国の工場の台頭などで、グループ内での地位が徐々に低下。１９９０年代後半には、スウェーデン本社が工場の閉鎖を決定するまでに至りました。

そこから瀬峰工場復活の物語は始まります。現日本法人社長の藤井裕幸氏が本社と掛け合い、「2年以内」「追加投資なし」の条件付きで最後のチャンスを得たのです。

そこで断行した改革で藤井氏がなにより大切にしたのは、「基本の徹底」。「足元のことができていないのに、生産性を高め、品質をよくすることなど不可能」と考え、「5S」の徹底から始めたのです。

その徹底ぶりは見事の一言。床はピカピカに光り、工場もオフィスも一点の乱れもありません。この努力が、瀬峰工場を日本屈指のレベルに引き上げる起点となりました。自ら知恵を出して工夫すれば、着実によくなることを肌で感じた現場は、さらに改革を広げていきました。トヨタ生産方式であるジャスト・イン・タイム生産の概念を導入し、リードタイムの短縮、原価低減を進め、着実に成果を積み上げていったのです。

鈴木幹治工場長のリーダーシップのもと、瀬峰工場は10年以上にわたる愚直な取り組みをなおも継続しています。その結果、「自ら考え、行動する工場」へと変身し、卓越した現場力を手に入れたのです。

その取り組みは、東日本大震災の際にも遺憾なく発揮されました。震度7の激震に襲われたにもかかわらず、工場はほぼ無傷でした。

それは、けっして運がよかったからではなく、日頃から現場主導で地震などに備え、様々な手が打たれていたからです。機械が倒れないようにしっかりと固定。配管の継ぎ目が断裂しないように補強し、材料などが置かれている棚にはモノが落下しないよう網やストッパーを設置する……。こうした現場目線での事前の対策が奏功し、あれだけの大地震にもかかわらず、ほとんど被害がなかったのです。

被災した工場の中には、こうした備えが不十分できわめて甚大な被害を蒙《こうむ》り、復旧に時間を要したところも数多くあります。「何かが起きてから頑張る」のではなく、「何かが起きた時に備えて、先手先手で備える」ことこそが、本物の現場力です。

現場力は日常の中で発揮されるものです。まさに、「平時の現場力」が瀬峰工場を救ったのです。

講義6　サービス業における現場力

サービス業の特性

現場と言うと、工場などのものづくりや建築・土木といった「何か目に見えるもの」を作っているところをイメージしがちですが、前述したように現場はどの業種、業界にも存在し、優位性構築の場所となりえます。

中でも、サービス業においては、現場はきわめて重要な競争力の源です。サービス業というのは実に多岐にわたります。航空・鉄道などの運輸業、ホテルやレストランなどの観光・飲食業、運送・配送を担う物流業、病院などの医療サービス業など、私たちの身の回りには多様なサービス業があります。

そもそも、サービス業は製造業と何が異なるのでしょうか？　サービス業には次のような3つの特性があります。

⑴　目に見えない：サービス業は目に見えない（Intangible）価値を提供しています。目に見えないものの品質管理はけっして容易ではありません。また、サービスは嗜好性《しこうせい》が高く、個人の好みによって「好き嫌い」が分かれてしまいがちです。

⑵　生産と消費が同時に行われる：製造業では工場で生産した製品を流通チャネルを通して販売し、購入した顧客が使用します。生産と消費にはタイムラグがあります。しかし、サービス業では顧客が求める時にサービスを生み出し、提供します。生産と消費の同時性は、サービス業における品質管理をさらに難しくします。

⑶　在庫ができない：製造業では安定した品質の製品をまとめて生産し、在庫することができますが、サービス業では「作り貯め」をすることができません。また、個人の意欲や能力に依存する部分が大きいため、サービスの品質にどうしてもバラツキが出てしまいます。

こうしたサービス業の特性を踏まえた上で、経営における現場の位置付け、そして現場力の構築を考えなくてはなりません。

真実の瞬間

サービス業の特徴を端的に表す言葉が、「真実の瞬間」です。これは、スカンジナビア航空（ＳＡＳ）のＣＥＯであったヤン・カールソンが１９９０年に出版した著書（ダイヤモンド社）のタイトルです。出版されて既に20年以上が経過しますが、いまだに色褪《いろあ》せない名著です。

カールソンは、自分たちのビジネスを次のように定義し、現場の重要性を強調しています。「スカンジナビア航空を形成しているのは、旅客機などの有形資産だけではない。もっと重要なのは、顧客に直接接する最前線の従業員が提供するサービスの質だ」。

その上で、「航空券販売係員や客室乗務員といった現場の従業員の最初の15秒の接客態度が、その航空会社全体の印象を決めてしまう」とし、その「15秒」を「真実の瞬間」と呼んだのです。

そして、質の高い「真実の瞬間」を生み出すために、現場に大きな権限委譲を行い、どんな時でも第一線の社員たちが自らの判断で顧客のためになる行動をする、自律性の高い現場をつくることに力を注いだのです。

「真実の瞬間」という考え方は、航空業だけに限ったものではありません。「生産と消費の同時性」という特性を持つサービス業においては、サービスを提供する現場の一人ひとりが、自分が何をすべきかを考え、判断し、行動することが求められています。

サービスの現場では、お客さまにサービスを提供する時こそが、お客さまがサービスを受ける時です。だからこそ、現場力が優位性構築のための最も重要な柱となるのです。

サービスはポリシーで提供する

「サービス業は現場が大事」と言うと、現場の一人ひとりが勝手気ままに自分なりのサービスを提供するというように捉えられてしまうかもしれませんが、それでは現場力とは言えません。

講義2で見たように、重要なのは「戦略と現場力の整合性」です。現場で提供されるサービスのレベルと質は、戦略によって規定されなければなりません。

レベルの高いサービスを提供するからいい会社、並みのサービスだからそこそこと考えるのは短絡的です。機能的サービスの提供に特化していても、それが会社の戦略に基づくポリシーとして提供され、顧客の期待値に沿うことができれば、それは「よいサービス」と言うことができます。

たとえば、ホテル業界を見ても、顧客の琴線《きんせん》に触れるようなカスタマイズされたサービスを提供するザ・リッツ・カールトンのようなラグジュアリーホテルもあれば、美味しい朝食や寝心地のよいベッドなどビジネスマンに人気の高い機能的なサービスを提供する東横インなど、それぞれがターゲットとする客層、提供価値には大きな違いがあります。「ザ・リッツ・カールトンのほうが東横インより上」とは一概には言えません。

どのようなサービスを提供するのかは、戦略から導き出される「サービスポリシー」によって決められなくてはなりません。サービスのレベルと質は、ポリシーによって決定すべきものです。現場はそのポリシーに則《のっと》った上で、自主性を発揮しなくてはならないのです。

同じ会社であるにもかかわらず、店舗によってサービスのレベルと質があまりにも違うのであれば、顧客は不信感を抱くはずです。ある店舗の過剰なサービスで期待値が上がってしまった顧客に対して、別の店舗で並みのサービスを提供したのでは顧客はがっかりしてしまいます。

大切なのは、サービスの安定性と持続性です。そのためには、自社の戦略に基づいたサービスポリシーを明確にし、具体的なサービスレベルを規定して、そのレベルに合った均一なサービスを提供できるオペレーションを構築することが必要なのです。

サービス・トライアングル

サービス業においては、戦略‐サービスポリシー‐サービスレベル‐オペレーション（組

図表14　戦略とオペレーションの一貫性

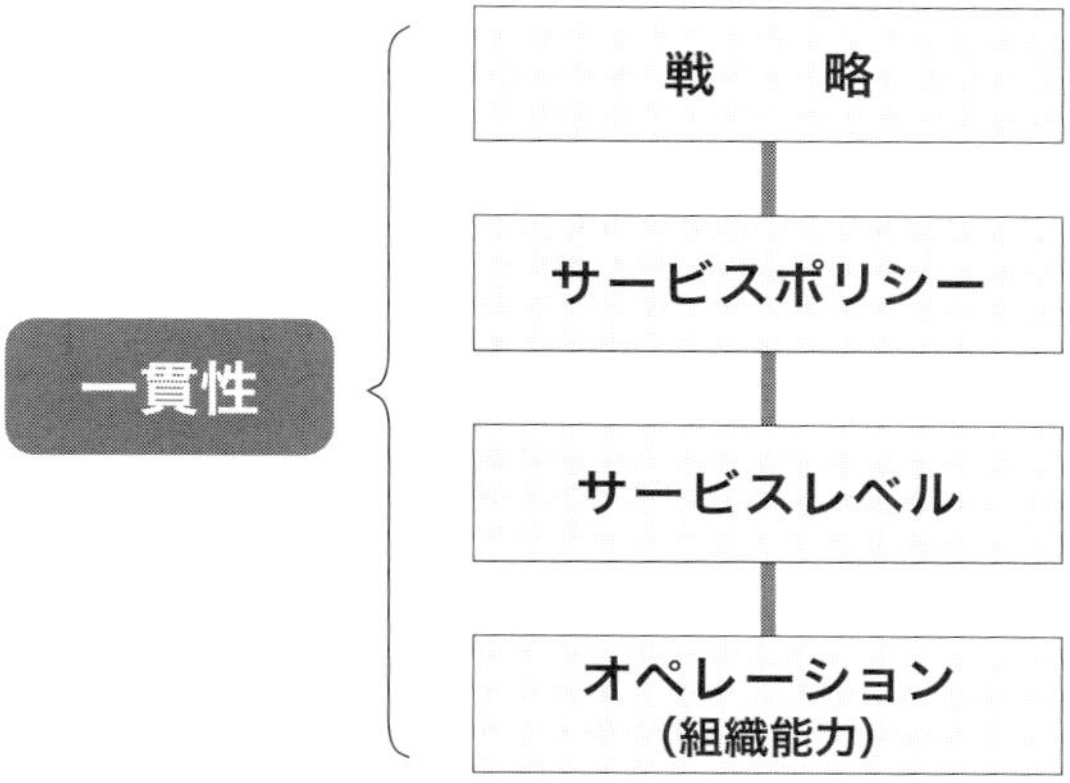

出典:著者作成

織能力)という「縦の一貫性」が大変重要です(図表14)。戦略から現場のオペレーションまで一貫性があると感じた時、顧客は満足します。逆に、一貫性が欠けていると感じれば、それが不満となります。

同様の考え方に、「サービス・トライアングル」というコンセプトがあります(図表15)。これは、「縦の一貫性」と同じ考え方を次の3つの要素に分解したものです。

(1) サービス戦略:どのようなターゲット層に対して、どのようなサービスを提供するかという戦略とポリシーを明確にする。

(2) システム:規定されたサービスを提供

図表15　サービス・トライアングル

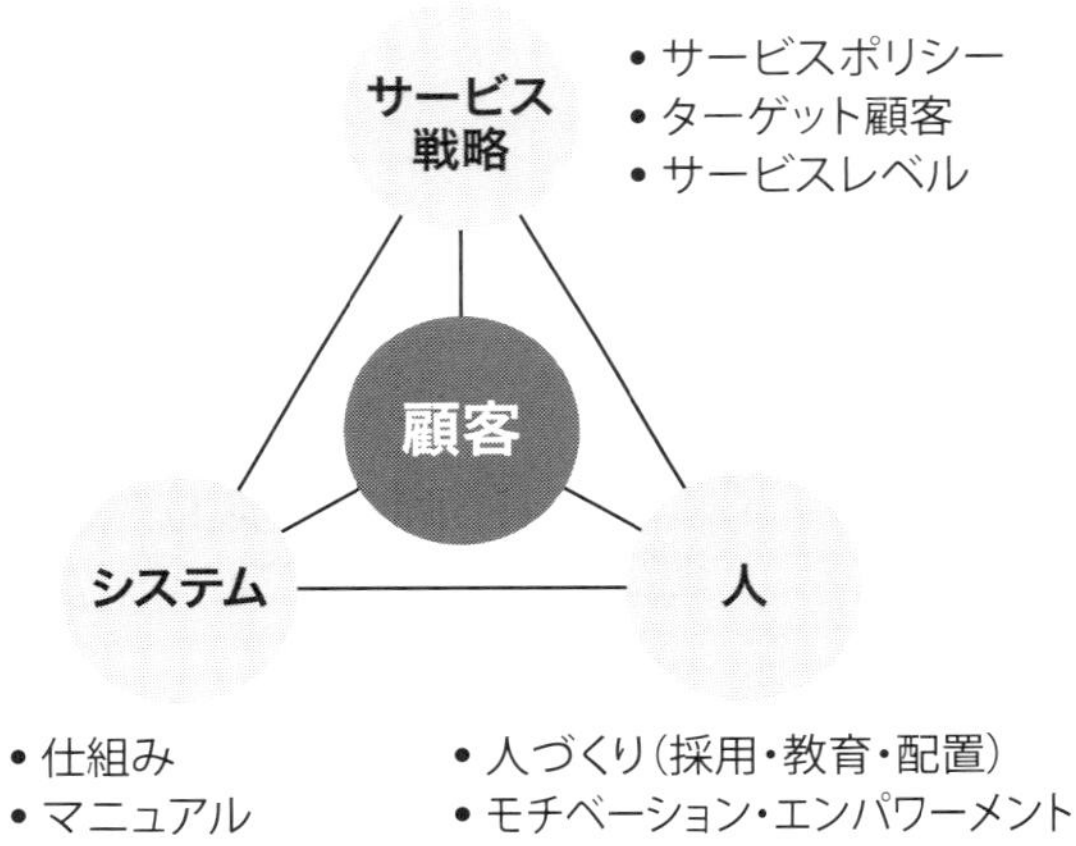

出典：著者作成

するための仕組みを構築する。標準化されたサービスを提供するためのオペレーションの構築、業務マニュアルの整備、情報共有の仕組みなどを構築する。

(3) 人：サービスを提供する主体は常に人である。人づくりのための教育やインセンティブ、チームワークを醸成するためのイベントなどの仕掛けが不可欠である。

「縦の一貫性」と同様、これら3つの要素が整合し、「三角形」（トライアングル）を形成していることが大切なのです。

ケーススタディ6　サービス力で他を圧倒する千葉夷隅ゴルフクラブ

長期化する不況の影響で経営難に陥るゴルフ場が多い中、独自のサービスで人気を集めているゴルフ場があります。千葉県夷隅郡大多喜町にある千葉夷隅《いすみ》ゴルフクラブです。創業は1979年。運営会社が2005年に民事再生を申請し、韓国系企業の傘下に入りましたが、その後も堅実な経営を続けています。

図表16　「週刊パーゴルフ」の2011年ベストコースランキング『接客部門』

順位	所在地／ゴルフ場名
第1位	千葉県 千葉夷隅ゴルフクラブ
第2位	千葉県 グレートアイランド倶楽部
第3位	栃木県 プレステージカントリークラブ
第4位	栃木県 ジュンクラシックカントリークラブ
第5位 タイ	東京都 東京よみうりカントリークラブ
第5位 タイ	兵庫県 有馬ロイヤルゴルフクラブ

出典:「週刊パーゴルフ」

「週刊パーゴルフ」の読者が選ぶベストコースランキングで、接客部門全国1位を11年連続で受賞（図表16)。「週刊ダイヤモンド」の「プレーしてよかったゴルフ場ランキング」では、「キャディの対応」で10点満点中9・2という圧倒的な高得点を獲得しています。

このサービス・エクセレンスを実現してい

るゴルフ場は、どのようにしてその現場力を磨いてきたのでしょうか？　その出発点はこのゴルフ場の「立地」にあります。

東京駅から電車で行こうとすると、特急で1時間、さらに最寄駅からタクシーで50分かかります。千葉県内にある100以上のゴルフ場の中でも、「最もアクセスが悪い」うちのひとつと言えます。

この立地のハンディキャップを乗り越えて集客するための戦略として、このゴルフ場が打ち出したのが、「圧倒的なサービス力によるリピーターの獲得」でした。一度来場したゲストが、「もう一度あそこでプレーしたい」と思わせるような〝期待以上のサービス〟を提供することが、このゴルフ場の生命線であると位置付けたのです。

その具体的な内容は、「いつ行っても、誰が応対しても、常に同じサービスが提供される」ことを担保する「機能的サービス」と、個々のゲストのニーズに合わせてカスタマイズされた「情緒的サービス」の両方を提供することにあります。

それらを実現する組織能力を磨くために、このゴルフ場は愚直な取り組みとそれを支える仕組みづくりに励んできました。岡本豊総支配人のリーダーシップのもと、ゴルフやサービスの〝素人〟だった社員たちを育て上げ、競争力の柱にまで高めてきたのです。

「圧倒的なサービスで差別化する」という競争戦略と、それを実現するための組織能力の向上を整合させてきました。組織能力を高めることが、戦略の実現に結びつくことを、このゴルフ場は教えてくれています。

その取り組みは実に多様です。徹底した社員教育は言うに及ばず、現場主導の改善を進める「小集団活動」の実施、ゲストの本音を現場から吸い上げるための4種類の情報カード（提案は「白」、よい情報は「青」、不平不満は「赤」、重要ゲストに関する情報は「黄」）、きめ細かい顧客アンケート、部門間を超えたジョブ・ローテーション、各種表彰制度など、サービス・エクセレンスにつながる現場力を磨くための様々な施策が長年にわたって講じられています。

夷隅ゴルフクラブでは、「売り」であるキャディに特に力を入れています。顧客アンケートの中には、キャディのパフォーマンスに関する専用のものを用意し、14項目について、5段階評価で答えてもらっています。寄せられる数は年間8000枚を超えます。

評価項目は実に細かく分かれていて、「礼儀と挨拶の態度」といったサービスの基本から、「ボールの行方の確認」や「距離のアドバイス」など技術に関するものまで多岐にわたります。このアンケートによって、約40人いるキャディの現場力が一目瞭然となるのです。

２００９年に総合評価で最高の５を獲得した割合は、全キャディ平均で90・５％。プレーした10人中９人のゲストは、キャディの対応に「大いに満足」と評価しているのです。約30年前は60％台にすぎなかったと言いますから、驚異的な数字です。約30年かけて、愚直に現場力を磨き続けてきた成果と言えます。

その取り組みは、アンケートという結果評価だけではありません。たとえば、閑散期である２月には、約10日間の「研修会」を実施しています。これは、ゲスト１組にキャディが２人ずつ付いて回るものです。

普段は単独で接客するキャディの仕事を、もうひとりのキャディの目を加えることで、自分では気が付かない改善点などを確認するための取り組みです。進行管理や安全、言葉遣いなどを相互に点検し、自己認識することが現場の緊張感につながっています。

岡本総支配人はこの取り組みを、「プロ野球でいう春のキャンプみたいなもの」と指摘します。そして、この〝キャンプ〟は既に30年以上も続けられているのです。現場力という組織能力は愚直な取り組みでしか得られないということを、このゴルフ場は教えてくれます。

講義7

流通業における現場力

流通業の変化と業界再編

日本における流通業の栄枯盛衰は、日本経済の歴史そのものと言えます。小売業の売上高ベスト10を見ると、1968年度は1位大丸、2位三越、3位髙島屋と百貨店が独占。しかし、その20年後の1988年度は1位ダイエー、2位イトーヨーカ堂、3位西友とGMS（総合スーパー）が上位3社を占めました。

さらに20年後の2008年度は、1位セブン‐イレブン・ジャパン、2位イオン、3位ヤマダ電機というようにコンビニや専門店が躍進し、旧来の流通業を駆逐しました。専門店化が進行し、製造小売りとしての色彩が強くなり、その流れに追随できない総合業態の百貨店やGMSは低迷しています。

その結果、大規模な業界再編も進行しています。イトーヨーカ堂、セブン‐イレブン・ジャパン、デニーズジャパンの持ち株会社であるセブン&アイ・ホールディングスは、2006年、西武百貨店とそごうを傘下に持つミレニアムリテイリングを完全子会社化しました。流通業で世界第5位、売上高7兆円の巨大な小売業が誕生したのです。

これほど大規模ではないものの、勝ち組が負け組を飲み込む形での再編劇は頻繁に起きています。2011年には、イオンは四国の有力スーパー・マルナカを傘下に収め、セブン&アイ・ホールディングスは近畿日本鉄道の食品スーパー・近商ストアに30%出資しました。さらに、北海道最大手のスーパー・アークスが青森県の地場トップであるユニバースと経営統合するなど、地方同士の再編も起きています。

これまでの業界構造がガラガラと音を立てて崩れ、新たな秩序が生まれるまでの再編や統合の動きは今しばらく続きそうです。

流通業とチェーン・ストア・オペレーション

激変する流通業にも、もちろん現場は存在します。その核となるのは、言うまでもなく店舗です。地域内に分散する多店舗をどのように効率的に運営するのかが、流通業におけるオペレーションの中心的課題と言えます。

多くの流通業における店舗運営・管理のベースとなっているのが、米国で生まれた「チェーン・ストア・オペレーション」という考え方です。店舗運営を徹底的に標準化し、発注・売り上げ・在庫管理などの店舗運営支援業務を本部が集中して行い、各店舗は販売業務に徹するというビジネスモデルです。

標準化、集約化などによるローコスト・オペレーションの実現により、よい商品を安く提供することが可能となりました。大手スーパーマーケットやコンビニエンスストア（CVS）などが、その代表例として挙げられます。

チェーン・ストア・オペレーションでは、本部が中央集権的に運営を統括します。どのような商品をどれほど仕入れ、いくらで売るのか、目玉は何にするのか、販促はどのように行うのかなど戦略的な方針は本部が決定し、それぞれの店舗はその方向性に沿って実行するという役割分担が基本です。

日本経済が高度成長を続けている時には、このチェーン・ストア・オペレーションは絶大な力を発揮しました。旺盛な消費需要に支えられ、標準化・画一化された店舗を全国各地に次々に展開すれば、売り上げは自然と拡大していきました。

しかし、市場成長の鈍化、消費の成熟化に伴い、従来型のチェーン・ストア・オペレーションでは顧客のニーズに対応できないという問題が生じてきました。地域特性や競合条件を考えずに画一的に管理・運営していたのでは、顧客に支持される魅力的な店舗は生まれなくなってしまったのです。

業界再編による巨大化、規模の追求という流れの一方で、より顧客に近づき、顧客に支持される店づくりを目指すことを競争戦略の柱として掲げる会社が現れてきています。

個店主義による店づくり、売り場づくり

チェーン・ストア・オペレーションが「本部主義」で運営されるのに対し、個々の店舗が自由度を持ち、売り場づくりを進めることを「個店主義」と言います。画一的な店づくりではなく、それぞれの地域性や競争環境などを加味した、地元密着の店づくりを志向することです。

その好例が、埼玉県を中心に関東地方で食品スーパーを展開するヤオコーです。長引く不況にもかかわらず、ヤオコーは単独で23期、連結で20期連続で増収増益を達成しています(図表17)。

２０１２年3月期の連結売上高は２２７３億円、営業利益は１０８億円。対売上高営業利益率は４・８％。３％を超えるのが難しいと言われる薄利の食品スーパー業界においては、驚異的な数字と言えます。

ヤオコーでは、約１２０のそれぞれの店舗で、現場で働くパート社員たちを最大限に活かし、売り場づくりを進めています。ヤオコーが重視している青果、精肉、鮮魚といった生鮮

図表17　ヤオコーの売上高、営業利益推移

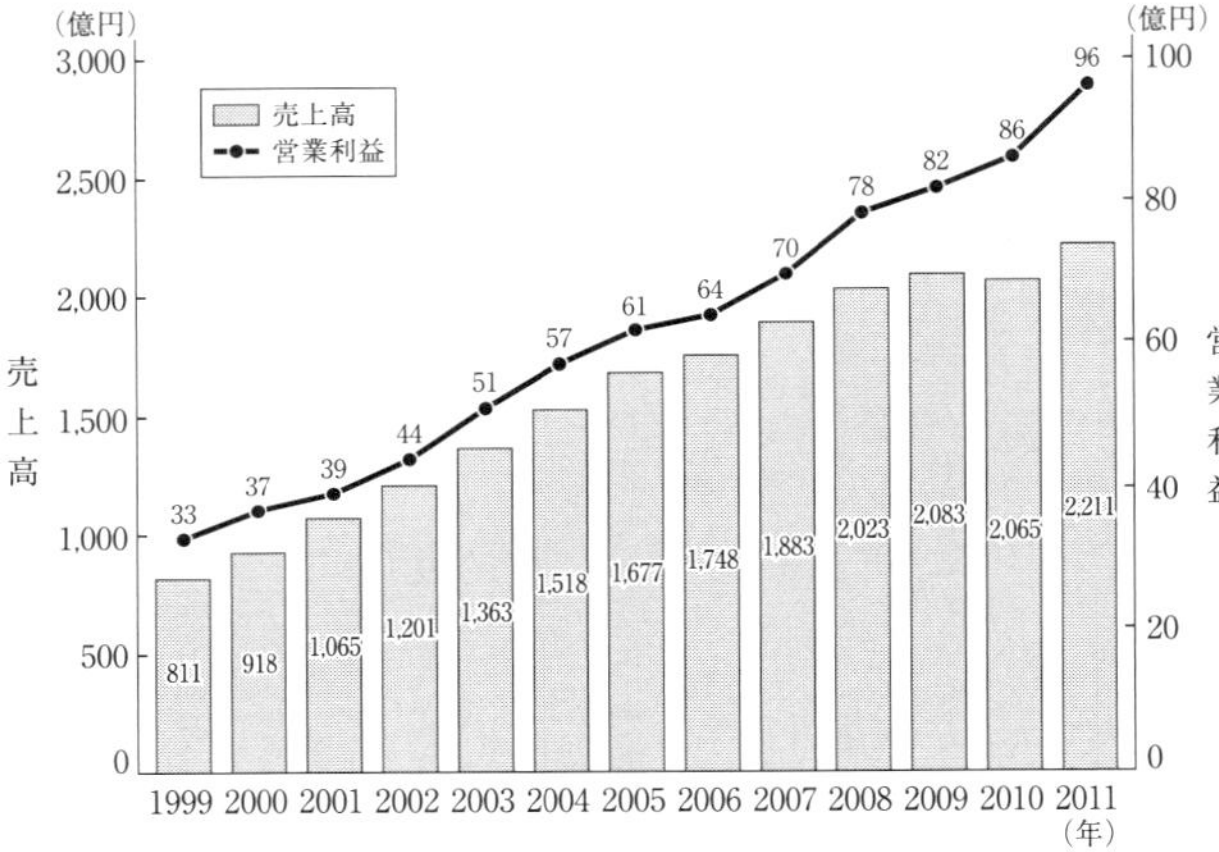

出典：SPEEDA

食品は、日持ちがせず、仕入れも日々変化します。買い物客が求めるものも、時間帯だけでなく、曜日や天候、競合店のセールなどによって大きく変化します。

〝腐りやすい〟商品をメインにしているヤオコーでは、現場を担うパート社員たちが自ら考え、動くことが何より重要になります。そのため、ヤオコーでは値付けや発注、さらには利益管理や出退勤管理などの仕事までパート社員に任せたり、業績に応じて決算賞与を支給するなどの工夫をしています。

個店主義で業績を伸ばしているのは、ヤオコーだけではありません。首都圏を中心に約30店舗展開しているオオゼキや、北九州市を中心に約40店舗展開するハローデイなども個

店主義を経営の柱とし、高業績を上げています。

地域に密着し、地元から支持される店づくり、売り場づくりを志向することによって、会社の「体格」ではなく、「体質」で勝負しようとしています。そのためには、店舗という現場を核にした組織運営が不可欠なのです。

店長の役割と本部の役割

個店主義では、それぞれの店舗の品質が勝負となります。その店の経営を担い、店舗という現場の品質を管理しているのは店長です。したがって、個店主義では店長が間違いなく要《かなめ》の存在となります。

現場を切り盛りするパート社員の使い方、教育、モチベーションの向上などによって、売り場という現場は大きく変化します。店長はまさに店づくり、売り場づくり、人づくりのプロデューサーの役割を担っているのです。

しかし、現実には店長の力量によって、店の業績が大きく左右されるという問題が生じます。店長が交替すると、坪当たりの売り上げや利益が大きく変わるのです。ここに個店主義経営の難しさがあります。

個店主義だからといって店長に丸投げ、現場任せというのではうまくいきません。現場に裁量権、自由度を与えるからといって、本部の役割がなくなるわけではありません。

逆に、個店主義だからこそ、全体を司るコントロールタワーとしての本部の役割が重要であるとも言えます。バラバラな運営になりがちな個店を束ねて横串を刺したり、個店ごとのノウハウやナレッジを共有したり、一体感を醸成するような施策やイベントを実施したりすることによって、各店舗の力が高まり、全体の底上げにつながるのです。

たとえば、ヤオコーでは「チャレンジ企画」と呼ばれる社内コンテストを実施しています。青果、精肉、鮮魚で特定の商品を決め、全店舗で3ヶ月間、売り方を競うイベントです。

売り上げを競うだけでなく、現場の社員たちがどれだけ地元の消費者のニーズを捉え、売り方や売り場づくりに反映させているかも問われます。単なる売り上げ競争ではなく、現場の知恵や熱意を競い、切磋琢磨する環境を本部が整えているのです。

個店主義は、いわば「遠心力」を最大限に活かす経営です。そして、その遠心力を活かすためには、本部という「求心力」がとても大切なのです。

ケーススタディ7　逆境をチャンスに変えたコープさっぽろ

長年景気低迷に苦しむ北海道に、日本を代表する革新的な小売業があります。それはコープさっぽろです。

この生協の2012年3月期の事業高は、対前年比2・7％増の2546億円。これは首都圏や関西などの大規模市場にある他の生協を上回り、日本一の規模を誇ります。

設立は1965年。消費者の手で真に消費者の利益を守る流通網をつくろうという思いのもと、札幌市民生協としてスタートしました。2012年3月20日現在の組合員数は約139万人。全道の世帯数は約267万世帯ですから、半数以上がこの生協に加入していることになります。

しかし、この生協はバブル崩壊時に経営危機に陥り、苦難の道を歩んできました。日本生協連合会から200億円を超える巨額の資金投入を受け、大規模なリストラを断行せざるをえませんでした。「残るも地獄、去るも地獄」と言うほどの厳しい経営改革を進め、そうした努力の末、日本を代表する生協へと復活を遂げたのです。

図表18　コープさっぽろの宅配事業高推移

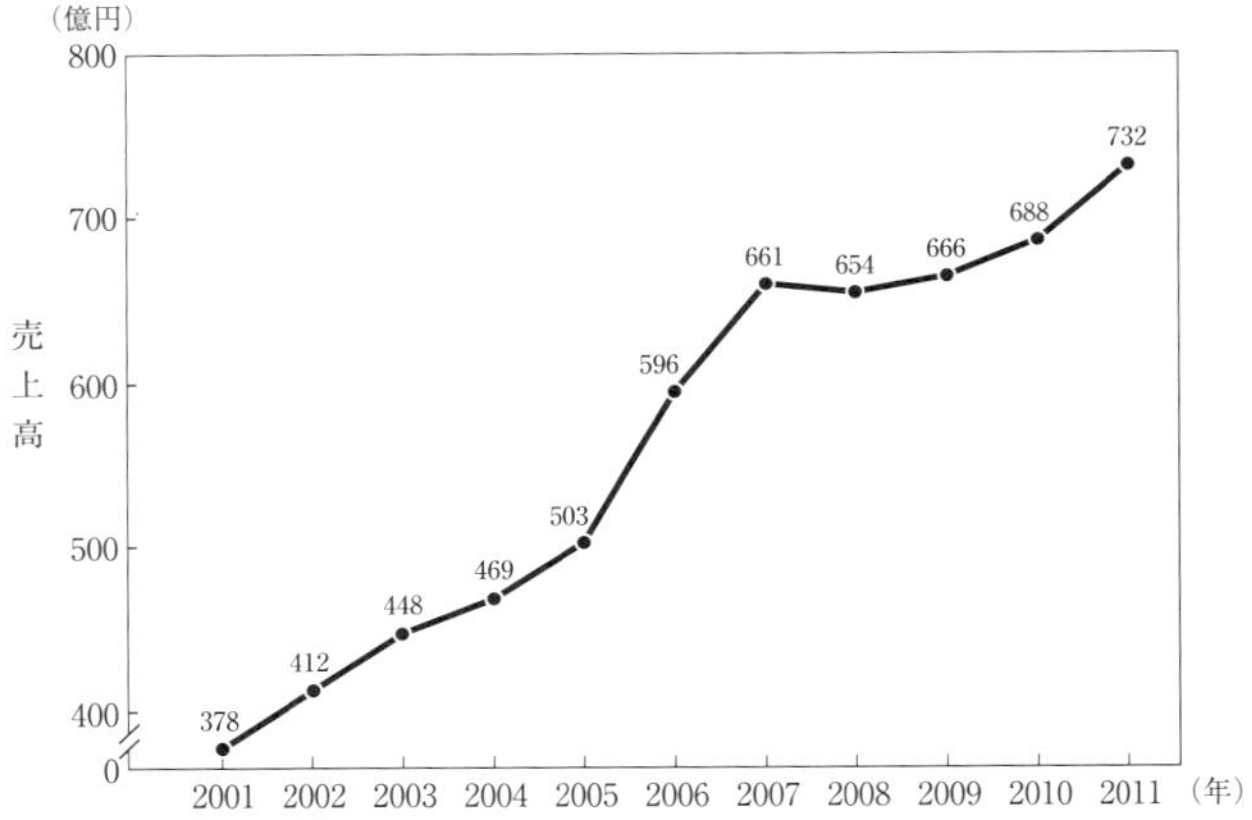

出典:コープさっぽろ財務諸表

　２０１１年度の経営内容を事業別に見てみると、店舗事業高は全体の約７割を占めるものの、前年比99・７％と前年比割れ。長引く景気低迷に加え、高齢化、過疎化が進む北海道において、旧来型の店舗事業だけで成長することは困難です。

　コープさっぽろは、積極的に新たな成長戦略を追求してきました。現在の成長の柱は宅配事業です。その事業高は対前年比６・４％増の７３２億円。全体の29％を占める中核事業に育っています（図表18）。

「トドック」の名称で１９９７年に開始したこの事業は、道内21市町村で展開しています。全道で８５０台の軽車両を所有し、その利用者は約26万世帯。なんと北海道全世帯の約１割が利用しています。

この生協はさらに新たな試みにも挑戦しています。それは「移動スーパー」です。専用の２トントラックに、生鮮食品やデイリー食品を中心に約１０００品を積み込み、過疎地を巡回する「おまかせ便」という移動販売を２０１０年に開始しました。

高齢化、過疎化などの逆境をチャンスに変えて、新たな戦略を打ち出し、成長を続けているのです。

新たな戦略で需要を掘り起こす一方で、コープさっぽろが力を入れているのが、店舗事業における現場力の強化です。広い北海道に点在する店舗は、それぞれ立地や客層、競争環境が大きく異なります。画一的な店舗では、地元のニーズに応えることはできません。そこで、店長と現場社員が一体となった地元に密着した店づくりが鍵となるのです。

たとえば、札幌市西区にあるにしの店では高価格帯の商品を充実させています。西区は比較的高所得者層が多く住むエリアであり、競争も激しいため、「少し高くても、よいもの」を揃えることを、差別化の重要なポイントとして打ち出しています。

かいぜん新聞

コープさっぽろ かいぜんカード 提案・回答集

発行 2010年4月15日

かいぜんカード事務局（店舗本部）

かいぜんのカードで始まった2010年度

4月期「仕事改革発表会」で各本部長が「かいぜん」報告

12,000枚集まりました!
〜元旦カードうちわけ〜

新年度最初の仕事改革発表会で各本部長が経過報告
多くの「気付き」を共有する

来年の元旦も実施 定型化する

店舗系では1年間の「かいぜんメモ」も開始

商品部系は「流通を理解し現場との一体化」を目指す

管理本部系は「組合員の要望として」解決の努力を

スケジュール

写真２：「かいぜん新聞」

ブドウでもお手頃な３０８円の巨峰の隣に、１房１５８０円の高級マスカットが置かれていたり、「このエリアで常時扱っているのはうちだけ」という飛騨牛も店の目玉になっています。

こうした現場主導の店づくりの一方で、現場の知恵を最大限に活かす取り組みも本部主導で行われています。２００６年から開始された「かいぜんのカード」は、毎年元旦に全職員、パート職員が改善提案を書くもので、２０１０年には１万２０００枚ものカードが集まりました。

そのすべてを本部が吟味し、全20ページの「かいぜん新聞」を発行し、提案内容の紹介、分析、そして本部の対応方針、回答が実にきめ細かく記載され、現場にフィードバックされています（写真２）。

新たな戦略に基づく事業内容の進化と、地に足の着いた現場の取り組み。戦略とオペ

――レーションという2つの歯車が噛み合い、コープさっぽろは着実な成長を続けているのです。――

講義8　現場力は三位一体によって生まれる

ボトムアップはトップダウンから引き出される

現場力とは、現場の当事者意識を覚醒させ、知恵やアイデアを引き出し、その連続によって競争力を高めることです。現場起点のボトムアップの動きこそが、現場力の源泉です。

しかし、ボトムアップの動きが自然発生的に生まれるわけではありません。放っておけば、目先の業務に埋没し、何の工夫も試みることなく、与えられた業務を淡々とこなすだけの現場と化してしまいます。

ボトムアップという現場起点の行動を喚起し、その組織能力を高めるためには、実はトップダウンの働きかけが不可欠です。経営トップである社長や役員層が現場の可能性を信じ、ボトムアップの動きを引き出すための環境や仕掛けを整えることが、現場力を引き出す絶対条件です。

現場を上手に煽り、その取り組みに関心を示し、時に一緒に汗をかく。経営トップと現場の「距離」の近さが、現場力を引き出すのです。

日産はカルロス・ゴーン社長によって、生まれ変わりました。そのひとつの要因は、ゴーン社長が工場や販売店などの現場をこまめに回り、現場との直接対話を大切にし、日産の現場力を引き出したからです。東日本大震災の際も、ゴーン社長はその直後に被災した工場を訪問し、叱咤《しった》激励しています。

逆説的に聞こえるかもしれませんが、現場力の源泉であるボトムアップの動きは、実はトップダウンの働きかけによってしか生まれないのです。

ミドルアップ・ミドルダウン

それでは、経営トップと現場だけで現場力が高まるかと言うと、そうではありません。継続的な現場力の向上に欠かせないのは、ミドルです。現場を率いる部長、課長、係長、主任といった管理職層の効果的な行動がなくては、現場力は実現しません。

現場という最前線を指揮しているのはミドルです。現場の実態や問題点、可能性を熟知しているのもミドルです。ミドルこそが日常の中で、現場の能力を最大限に引き出す役割を担っているのです。

また、ミドルは経営トップと現場のパイプ役でもあります。経営トップの思いや方針を現場に展開する。現場の気付きやアイデアを吸い上げ、経営トップに働きかけ、実現する。効果的なミドルアップ・ミドルダウンの動きがあってこそ、全社の方針が現場に徹底され、現

図表19　三位一体の取り組み

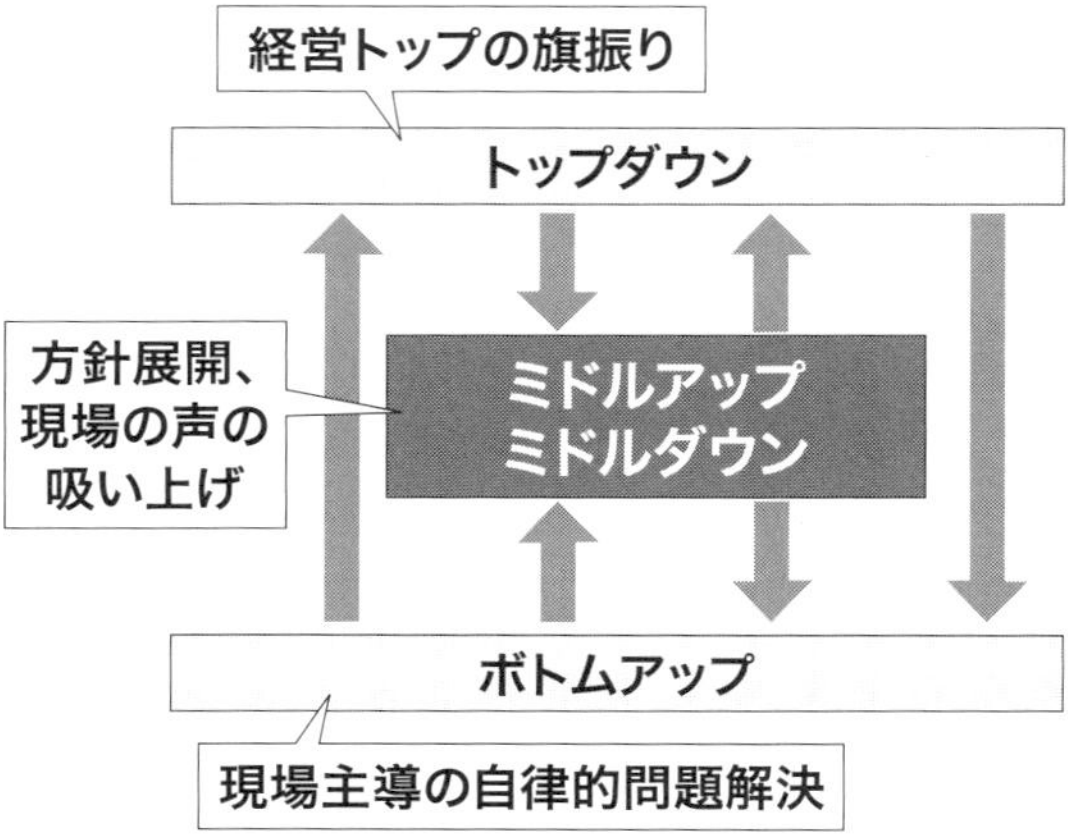

出典：著者作成

場の知恵が形となるのです。

現場力とは、現場だけで培われるものではありません。経営トップ、ミドル、そして現場が三位一体となり、それぞれの役割を果たしながら、ひとつにまとまって生まれる競争力なのです（図表19）。

スモールチームで知恵を競う

現場力とは、現場で業務に従事するすべての人間が参加することによってつくりあげられる組織能力です。個人の頑張りはもちろん重要ですが、やはりひとりだけでは限界があります。

チームで取り組むことによって、お互いに刺激し合い、アイデアの連鎖が生まれます。

まさに、「三人寄れば文殊の知恵」です。

現場力を高める基本的アプローチは、「小さな単位の組織」（スモールチーム）をつくり、問題解決に取り組むことです。スモールチーム同士が互いの知恵を競い合うことで、現場力もレベルアップします。

スモールチームの目安は、4〜8人程度。巨大な「みこし」を何十人、何百人で担ごうとすれば、必ず手を抜いて、ぶら下がる人間が出てきます。それでは、「全員参加」は実現できません。

4〜8人程度で「小さなみこし」を担げば、誰かひとりが手を抜くとすぐに気が付きます。一人ひとりが責任感を持ち、さらにひとつのチームとしての団結心を醸成するには、スモールチームが適しているのです。

ヤマトホールディングスの宅急便の最前線であるサービスセンターは、8人程度でチームを構成するのが基本となっています。センター長を核にして、全員が力を合わせ、知恵を出し合いながら、宅急便業務の品質向上、サービス向上に取り組んでいます。

一般に「少数精鋭」とは、「精鋭の人間を少数集める」と理解されていますが、ヤマトでは「少数にすると、精鋭になる」と考えられています。現場を大括りにするのではなく、スモールチームを組織化し、それぞれに責任と権限を付与し、自発的な取り組みを加速させることが肝要です。

現場リーダーの役割

現場力は三位一体となった取り組みから生まれる総合力ですが、その日々の鍛錬を担っているのは、それぞれの現場のリーダーです。スモールチームを束ねる〝現場長〟と呼ばれる人たちの意識、動き方次第で、現場力が引き出されたり、逆に埋もれてしまったりすることにもなりかねません。

現場力は、日常の問題解決を積み重ねていくことによって鍛えられるものです。だから、現場力に秀でている企業では、問題解決活動である改善や改良の取り組みが日頃から熱心に行われ、現場に定着しています。

こうした日常的な取り組みを疎《おろそ》かにせず、その意義や価値を現場に理解させるのは、現場リーダーの役割です。現場リーダーが目を輝かせて改善や改良に取り組めば、そのメンバーは必ずついてきます。逆に、現場リーダーが改善や改良に〝やらされ感〟を抱いていれば、現場が本気で取り組むはずもありません。

日々の改善や改良を通じて、問題解決ができる人材をひとりでも多く育てることこそが、現場リーダーの使命です。自主性、自発性、自律性という現場力の最も重要な要素を担っているのは、間違いなく現場リーダーなのです。

東北新幹線等の車両清掃業務を担い、７分という世界最速のスピードで完璧な清掃をすることで注目を集めている会社があります。ＪＲ東日本のグループ会社である鉄道整備株式会社です。「テッセイ」の愛称で親しまれています。

写真３：一礼するテッセイのスタッフ

〝魅せる清掃〟と呼ばれるその清掃技術だけでなく、礼儀正しさ、プラットフォームやコンコース内でのきめ細かいサービスにも定評があります（写真３）。

約８００人のスタッフがこの会社の現場力を支えていますが、その中核にいるのが現場業務を統率する主任です。社員一人ひとりのやる気や能力、個性を見極め、時には厳しく、時には優しくその能力を引き出すのが主任の役割です。

主任昇進試験に合格し、主任研修を受けた際の各自の決意表明文には、「うっとうしい主任になる」「鬼姫主任になる」

など、使命感を熟知した言葉が出てきます。

「時にはうっとうしいと思われる存在になるかもしれない。鬼と呼ばれることもあるかもしれない。でも、そこを乗り越えないと一人前の人材は育たない」。そうした覚悟を持った現場リーダーがいることが、現場力を高めるためには不可欠なのです。

ケーススタディ８　「管理職から支援職へ」を推進する天竜精機

長野県駒ヶ根市にある天竜精機は、三位一体で現場力の強化に取り組んでいます。

創業は１９５９年。従業員数約１１０人。エレクトロニクス製品に使用されるコネクターの自動組立機、加工専用機をメインにビジネスを展開しています。「カム」と呼ばれる重要な駆動部分を自社設計する独自技術を持ち、ユーザーである大手電子部品メーカー、精密機器メーカーなどから圧倒的な信頼を獲得しています。

創業者・芦部次郎氏のご子息で、２００５年にその後を引き継いだ芦部喜一社長は、就任以来、次のような問題意識で社内の風土改革に取り組んでいます。

「うちの現場は以前から自律していた。自分で考え、自分で判断し、自分で行動する。そうした自発性は間違いなくうちのよいところだ。しかし、自律的な一方で、排他的でもあった。他の人の意見は聞かない。お互いに首を突っ込まないし、無関心でもあった。それでは、本当の競争力にはつながらない」

「個」としては頑張っていても、「チーム」として機能せず、より大きな力にならない。芦部

写真４：天竜精機の社史

社長は、そこに天竜精機の弱点を見出したのです。

そこで、チーム意識を高めるために、実に様々な取り組みを行っています。来訪者に対する会社説明や案内は、広報や総務が行うのが一般的ですが、ここでは各部門の人たちが持ち回りで担当しています。採用活動を若手社員に任せたり、新たなプロジェクトを立ち上げ、手作りの「社史」を編纂《へんさん》するなど（写真４）、自分の仕事に埋没するのではなく、会社全体のことを考え、理解する場を数多くつくっています。

さらに、風土改革の大きな柱として進めているのが、管理職層の意識改革、行動改革です。従来の悪しき風土の根っこにあるのは、部課長たちのマインド、行動様式にあると芦部社長は考えたのです。

管理職という肩書きに胡坐《あぐら》をかき、机にしがみつき、現場に行こうとしない。社員たちと腹を割った本音のコミュニケーションをとろうとしない。管理職が率先して他の部門との連携を図ろうとしない。「排他的」という組織の「悪いくせ」を撒き散らしているのは、管理職に問題があると考えたのです。

「管理職が変わらなければ、この会社の風土は変わらない」

そう判断した芦部社長は、全社の部課長たちに「自分たちがどう変わるべきか」を考え、実践するよう仕向けました。管理職たちは、会社を離れたオフサイトのミーティングを繰り返し、何をどう変えるべきかを真剣に議論しました。

本音で言えば、悪しき風土の「犯人扱い」に納得しない人も当初はいたかもしれません。しかし、芦部社長の真剣さを理解した管理職たちは、やがて「自分たちを変える」ことに歩を進め始めました。

その象徴的なものが、管理職という名称、肩書きの「放棄」です。オフサイトでの議論を繰り返し、自分たちの役割・ミッションを改めて見つめ直した部課長たちは、自分たちの真の役割は「管理」ではなく、「支援」にあると再定義をしたのです。

部下の仕事がうまくいくように「支援」する。部下が成長するように「支援」する。会社の雰囲気がよくなるように「支援」する。「支援」こそが自分たちの存在価値であると打ち出したのです。

そして、２０１１年７月には正式に「支援職」という新たな役職を導入しました。それぞれの支援職は主に担当する部門は決められていますが、それは他の部門には首を突っ込まないということではありません。

常に、全社的な視点から、どうやったら現場の気分が高まり、会社の雰囲気、環境がよくなるかを考え、実践することが新たなミッションとなったのです。現場にも頻繁に赴《おもむ》き、社員たちと「真面目な雑談」を繰り返しています。こうした地道な努力は、現場にも伝わり始めています。

管理職から支援職への「変身」による風土改革は、まだ始まったばかりです。「風土がよい」とは、けっして「馴れ合い」になることではありません。強い仲間意識を共有しながら、お互いが切磋琢磨を続けることが大切です。よい風土は、時間をかけなければつくれません。

そして、ミドルが変われば、現場は間違いなく変わっていきます。芦部社長は自身のブログ「いい会社ってどんなだろう」で、「自分たちが輝かなかったら、部下だって輝かない」と語っています。支援職が「輝く支援職」になることによって、天竜精機の現場力はより大きなものへと高まっています。

講義9

現場力を支える共通の価値観

「らしさ」を明確にする

現場力の高い組織では、それぞれの組織固有の「共通の価値観」が浸透しています。社員一人ひとりが、会社の基本的な考え方や信条に共感し、その考え方に沿って日々実践、努力しているのです。

共通の価値観と言うと難しく聞こえますが、分かりやすく言うと自分たちの会社「らしさ」を大切にするということです。それぞれの会社にはその生い立ち、歴史から生まれた独自の「らしさ」が存在するはずです。それを明文化し、日々の仕事の中で実践することによって、独自の現場力が生まれてくるのです。

たとえば、トヨタでは独自の価値観を分かりやすく解説した「トヨタウェイ２００１」を冊子として取りまとめ、海外も含めた全社員に配付、教育、浸透させる継続的な取り組みを行っています。

「トヨタウェイ」とは、これまでに先輩たちがどのような考え方で仕事に取り組み、苦境を乗り越え、成果を築いてきたのかを示す、トヨタのＤＮＡを取りまとめたものです。まさに、トヨタの現場の精神的支柱と言えます。

図表20　「トヨタウェイ2001」の2つの柱

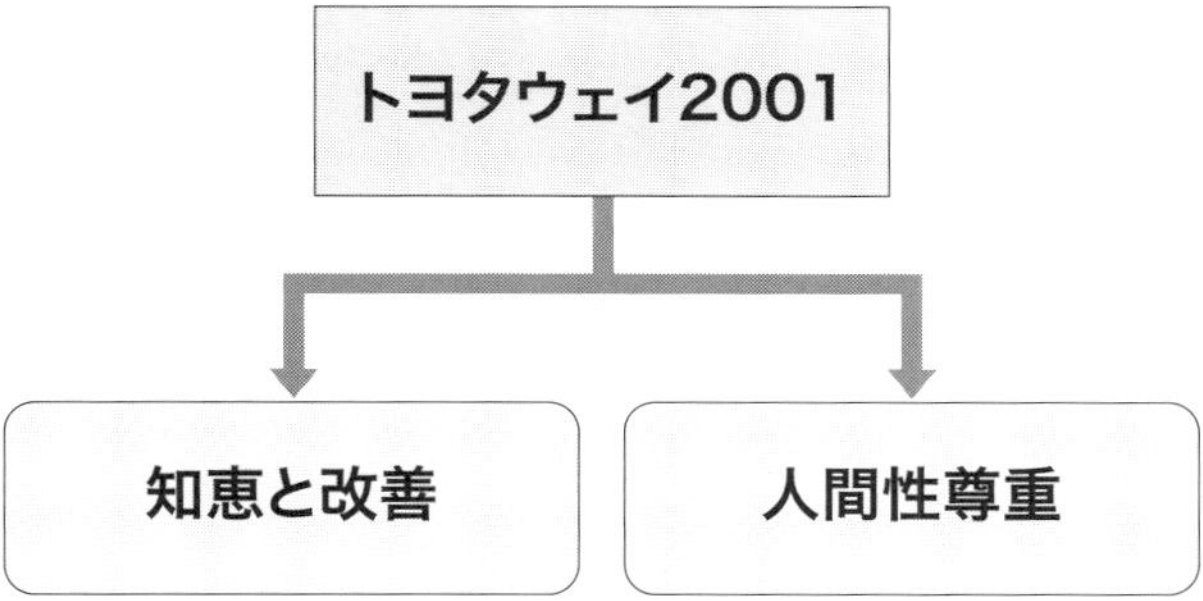

出典：著者作成

「トヨタウェイ2001」の2本柱は、「知恵と改善」「人間性尊重」です（図表20）。トヨタでは、「知恵を絞り、日々改善する」ことこそが「トヨタらしさ」であると明確に示されています。改善は「余裕があればするもの」ではなく、日々の仕事の中心にあるものと規定されているのです。

そして、その改善を推し進めるのはあくまで人間です。それぞれの人間の個性や自主性を最大限に活かすことも「トヨタらしさ」なのです。

トヨタでの改善が他の企業と比べて段違いのレベルにあるのは、改善が「トヨタウェイ」の中核に位置付けられ、それが現場に浸透し、実践されているからにほかなりません。

「ウェイ」を制定しただけでは意味がない

同様に、花王には「花王ウェイ」が、ヤマトホールディングスには「社訓」が存在し、とても大切にされています。海外のエクセレント・カンパニーを見ても、ヒューレット・パッカード（ＨＰ）には"HP Way"が、ジョンソン・エンド・ジョンソン（Ｊ＆Ｊ）には"Our Credo"（我が信条）があります。

これらはそれぞれの会社の独自の価値観を示したものであり、経営を支える最も大切な基盤と位置付けられています。その意味では、卓越した現場力を誇る会社は、その根っこの考え方については全員が共感し、「金太郎飴」状態を生み出しています。その「ブレ」のなさが現場力に結びついているのです。

ヤマトホールディングスは、創業以来の３つの「社訓」をとても大切にし、現場では毎朝唱和することを欠かしません（図表21）。社訓の１つ目は、「ヤマトは我なり」。一人ひとりの社員がヤマトを代表し、ヤマトは自分自身なのだという考え方が現場に根付き、実践されていることがヤマトの強みであることは間違いありません。

しかし、自分の会社の基本的な価値観、信条、「らしさ」を明文化しても、それが現場の日々の実践に落とし込まれなければ、まったく意味がありません。強い現場を構築した会社

図表21　ヤマトの「社訓」

一、ヤマトは我なり
一、運送行為は委託者の意思の延長と知るべし
一、思想を堅実に礼節を重んずべし

出典:同社HP

を真似て、「ウェイ」を取りまとめ、冊子を作り、配付する企業は増えましたが、その多くは形式的な取り組みで終わっています。

表面的な取り組みだけを模倣しても、本物の現場力は手に入りません。「らしさ」を現場での実践に結びつけるためには、粘り強い取り組みや仕掛けが不可欠なのです。

人のプラットフォーム

「ベストプラクティス」という考え方があります。素晴らしい取り組みをしている企業から学び、それを自社に当てはめて競争力を高めようという考え方です。

その考え方自体は悪くありませんが、現実にはその取り組みによって大きな成果を上げている企業はけっして多くありません。他の会社で成功したからといって、その考え方や手法、ツールだけを安易に真似ても、真の競争力強化にはつな

図表22　人のプラットフォーム

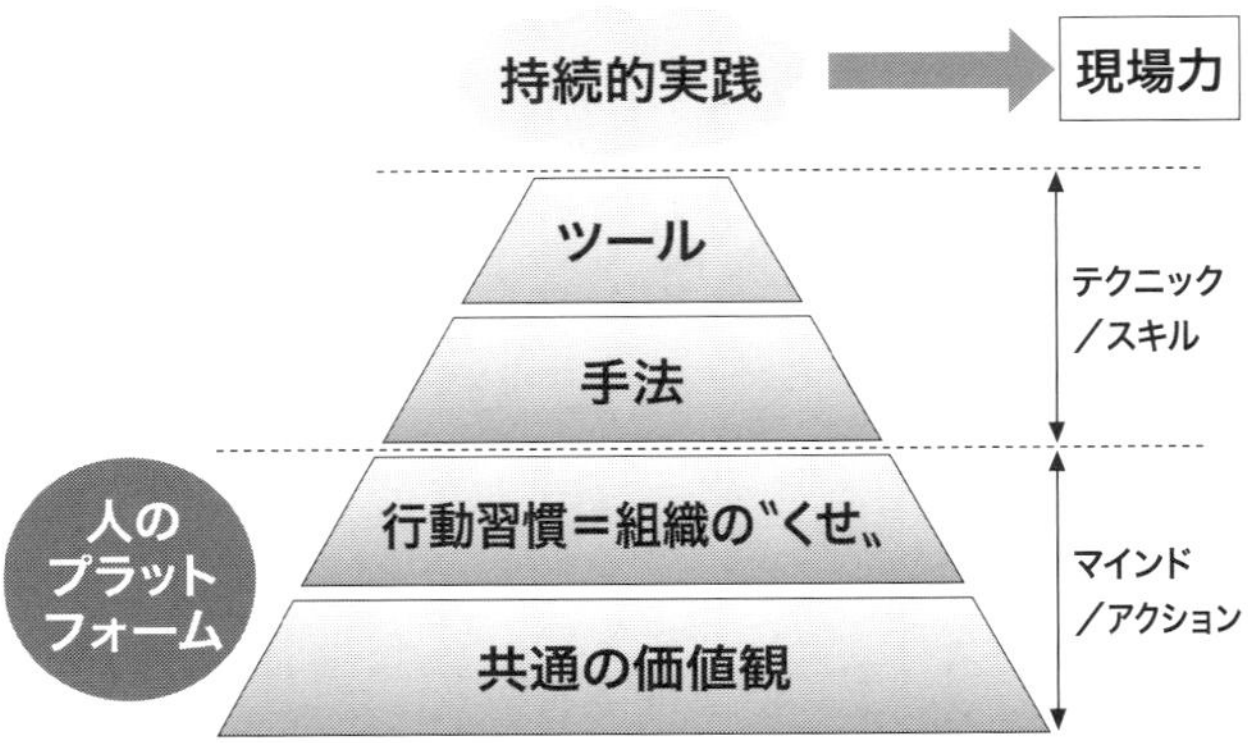

出典：著者作成

がらないのです。

トヨタの改善の取り組みを形だけ真似ても、けっして「トヨタ」にはなれません。ヤマトのように社訓の唱和を形だけ導入しても、けっして「ヤマト」にはなれません。

大切なのは、「人のプラットフォーム」をつくることです（図表22）。同じ価値観を共有し、「らしさ」を「行動習慣」にまで高めた人たちの集団を、「人のプラットフォーム」と呼び、これこそが現場力の源泉となるのです。

講義5で、よい「くせ」を身に付けることの大切さをお話ししました。よい「くせ」とは、まさに「らしさ」に裏付けられた「行動習慣」のことです。

卓越した企業では、その企業ならではの独自の「行動習慣」を見出すことができます。たとえば、トヨタでは改善が「行動習慣」にまで高められています。ヤマトでは一人ひとりが考え、判断することが「行動習慣」として定着しています。この「人のプラットフォーム」こそ、トヨタやヤマトの競争力の屋台骨《やたいぼね》となっています。

「人のプラットフォーム」が確立している企業では、オペレーションをよりよくするための様々な手法やツールを上手に使いこなしています。どの手法やツールが自分たちに合うのか吟味したり、工夫することができるのです。

一方、「人のプラットフォーム」が弱い企業では、手法やツールに振り回され、長続きしません。効果が上がらないので、すぐに別の手法やツールに飛びつきがちです。手法やツールは所詮「道具」にすぎず、大切なのは「人のプラットフォーム」であることが理解されていないのです。

現場で実践される「らしさ」を体現する連続的な「行動習慣」が、それぞれの会社の風土や文化をつくり上げます。よい風土を持つ企業では、「らしさ」が共有され、実践されていて、それが独自の現場力を生み出しているのです。

ケーススタディ9 「コマツウェイ」で「日本国籍グローバル企業」を目指す

二桁を超える高い営業利益率を上げ、グローバルに成長を続けるコマツ。米国のキャタピラー社と肩を並べる、日本を代表する建設機械メーカーとして認知されています。その成長をリードしたのが、2001年に社長に就任した坂根正弘氏（現会長）。就任直後、創業以来初の赤字に直面しましたが、理詰めの戦略転換、大胆な構造改革で、V字回復を実現しました。

その経営戦略の基本コンセプトは、「強みを磨き、弱みを改革」。新興国市場の成長を見据え、本業である建機事業に特化することを決断。その独自技術を活かし、世界初とされる性能を搭載した「ダントツ商品」の開発に注力し、差別化を実現しました。

その一方で、非建機事業にメスを入れました。それまでの多角化戦略によって進めてきたシリコンウエハー事業や半導体製造装置用光源事業などを売却。自社の「戦う土俵」を冷徹に見極めたその戦略は、実に合理的なものでした。

そのコマツが戦略実行において注力してきたのが、「コマツウェイ」の浸透です（図

図表23　「コマツウェイ」の位置付け

出典:「PHPビジネスレビュー　松下幸之助塾」(2012年5・6月号)

表23)。坂根社長は2006年に「コマツウェイ」を制定、社内教育の中心に据えています。

世界のコマツグループ社員を引っ張るのは、価値観と行動様式であり、それを一人ひとりに理解させ、実践させることが戦略の実現につながるとの認識に立っているのです。

「差別化・競争力の源泉は日本のものづくり文化にある」という考えに基づき、日本に軸足を置いた経営を重視しています。日本の強みを活かしたグローバル企業である「日本国籍グローバル企業」を実現するには、コマツがこれまで大切にしてきた信念や心構え、行動様式をグローバルに広げ、定着させることが重要だと考えているのです。

コマツでは、マネジメントの現地化を推進しています。それぞれの国・地域に精通したローカル人材を重用し、現地に任せるという方針をとっています。

だからこそ、グローバル経営の求心力となる考え方、思想が不可欠なのです。まさに、「コマツウェイ」はグローバル展開を支える精神的基盤となっているのです。

社長直属のコマツウェイ推進室、コマツウェイ研修センターを設置。全世界のグループ各社に浸透させるための普及・啓蒙活動、人材育成活動を展開しています。特に、経営幹部に対する教育に力を注いでいます。

海外のトップおよび経営幹部を対象とした「トップマネジメントフォーラム」「グローバルマネジメントセミナー」では、「コマツウェイ」の実践報告、提言が繰り返し行われています。また、海外のミドルマネージャーを対象とした「コマツウェイ・リーダーシップ・ディベロプメント・プログラム」は中国、インドネシア、ロシア、アラブ首長国連邦（UAE）などで開催されています。熾烈なグローバル競争を勝ち抜くには、企業のアイデンティティを明確にすることが不可欠です。自社ならではの独自の価値観を、グローバルな共通の価値観へと高めることで、コマツは躍進を続けています。

講義10　ＰＤＣＡサイクルと褒める仕組み

「場」でPDCAサイクルを回す

「らしさ」に裏付けられた行動習慣を身に付け、「人のプラットフォーム」をつくりあげるためには、「場」が必要です。ケーススタディ1でご紹介した花王のTCRは、まさに「花王ウェイ」を実践し、花王らしい人材をつくるための「場」と言えます。

改善活動やQCサークル、小集団活動など、現場レベルでの取り組みは様々なものがありますが、これらは現場力強化につながる「場」であると認識することが大切です。目先の効果もさることながら、粘り強い取り組みによって「人のプラットフォーム」をつくっているのだと考える必要があるのです。

講義4で現場の問題解決能力を高めることの重要性をお話ししましたが、「場」とは様々な手法や方法論を駆使して、この問題解決能力を磨くところなのです。そのためには、設定された「場」でPDCAサイクルを愚直に回すことが大切です。

PDCAとは、Plan（計画）－Do（実行）－Check（結果検証）－Action（対策実施）を意味し、現場での取り組みをやりっぱなしにせず、必ず検証・改善し、進化させることを意味しています（図表24）。

図表24　ＰＤＣＡサイクル

出典：著者作成

　ＰＤＣＡサイクルを回す「場」は、問題の大きさや関与する部門の数などによって、いくつかのレベルが考えられます。それぞれの現場や職場で、小集団活動や改善サークルという「場」を設定し、現場レベルの問題解決に取り組むことが、まずは基本です。

　それに加えて、各現場や職場だけでは解決できない問題を部門単位で議論し、解決する「場」、あるいは全社レベルの大きなテーマや部門横断的なテーマに取り組む「業革会議」のような全社単位の「場」も必要です。

　ＰＤＣＡサイクルを回すことは、経営における基本中の基本です。しかし、現実には計画を実行してもその検証が不十分で、何の学習もないまま、また新たな計画を策定するという会社が実に数多く見られます。それでは、成果に結びつかないだけでなく、現場力という組織能力を高めることは不可能です。

現場力に秀でたトヨタの現場では、ＰＤＣＡサイクルをさらに推し進め、ＰＤＣＡサイクルを回しています。これはＰＤＣＡサイクルにAchievement（効果検証）を加えたものです。「対策」を講じるだけでなく、その対策がどのような効果をもたらしたのかをきちんと精査することによって、改善の質を高めようとする試みです。

現場力を高めるためには、ＰＤＣＡサイクルにこだわり、「学習する組織」になることが求められるのです。

褒める仕組みで現場力を高める

粘り強くＰＤＣＡサイクルを回し、現場で新たな行動習慣を身に付けるためには、「褒める仕組み」が欠かせません。いくらよい行動をしても、それを誰も知らない、認めない、褒めないでは定着するはずもありません。

「無関心」は現場力を高める上での大きな障害のひとつです。お互いの仕事や努力に関心を持ち、よいことはお互いに褒め合い、学び合う。そうしたマインドをみんなが持つことによって、現場力は確実に高まります。

現場力を誇る組織では、現場での熱心な取り組みを褒める仕組みを確立させています。改善提案に対して報奨金を出すなどのインセンティブを用意したり、優秀な活動を表彰するイベントや社内コンテストを実施するなど、様々な施策を講じて、現場力を社内に知らしめ、その努力や成果に報《むく》いる仕組みを構築しているのです。

たとえば、ヤマトホールディングスでは、社員が生み出した〝満足〟をポイントで「見える化」する取り組みを行っています。「満足BANK」という考え方を導入し、「自分が褒める」「仲間が褒める」「お客さまが褒める」「会社が褒める」という4つの視点で、現場の社員が生んだ満足をポイントで評価し、ポイントの獲得数に応じて表彰するという仕組みです。

「自分が褒める」は目標達成による自己評価、「仲間が褒める」は同僚からの投票、「お客さまが褒める」はお客さまの声、そして「会社が褒める」は全社で実施するキャンペーンの上位者と、様々な角度から現場の取り組みを評価し、現場の努力や知恵を見逃さないようにしているのです。

ポイントが一定値に到達すると、ポイントに応じた色のバッジが贈呈され、着用が認められます。そして、ポイント上位者は本社主催の表彰式で表彰されます。褒める仕組みを導入することによって、現場力をさらに高めようとしています。

これは個人を対象にした取り組みですが、あくまでもチームを対象に褒める仕組みを導入している会社もあります。その好例が、MUJIブランドを展開している良品計画です。

同社では、「よいことは〝2倍〟(W)、悪いことは〝半減〟(H)」させることを目的とした「WH運動」という全員参加の業務改革の取り組みを、長年にわたって継続しています。

その成果を評価し、半期ごとに優秀チームを表彰するイベントを、「良品集会」という全社集会で行っています。そこには、本社のスタッフや全国各地の店長ら数百名が参加します。

プロ野球の表彰制度を模した「首位打者賞」「ホームラン賞」「打点賞」などが用意され、社長や会長から表彰状や金一封が授与されます。成果を上げた優秀チームの労に報いるとともに、お互いの競争心を刺激し合うことも狙っています。

「小さな声掛け」が何より大事

こうしたインセンティブや大々的なイベントは、「褒める」上での大切な仕掛けですが、より重要なのは日常におけるちょっとした「小さな声掛け」です。現場力は日常の中で鍛えられていくものです。したがって、「褒める」という行為は何気ない日常の中で、効果的に行われなくてはなりません。

現場におけるちょっとした創意工夫や努力に目を向け、「これいいね！」「よく頑張ってるね！」といった言葉をさりげなく伝えることが、より大きな現場力を誘発します。「関心を示す」ことが、何よりの賞賛なのです。

そのためには、管理職はこまめに現場に足を運び、現場のよいところを探す努力が欠かせません。机にしがみついたままでは、現場の知恵やアイデアに気付くはずもありません。

ケーススタディ5で紹介したサンドビック瀬峰工場では、「ありがとうカード」という活動を実施しています。よい取り組みをしている人を見つけたら、「ありがとう」カードを渡して、感謝の気持ちを表そうという活動です。

サービス業ではよく見られる取り組みですが、職人気質が強く、人を褒めるのがけっして上手ではない製造現場での取り組みは珍しいと言えます。実際、開始した当初は月間１８０件ほどだったそうですが、今では１０００件を超え、定着しています。

自分の努力やアイデアが認められて、気分を害する人はいません。認められれば、さらに頑張ろうと努力し、継続的な取り組みへとつながります。それによって、よい「くせ」が身に付き、現場力を高めていくのです。

ケーススタディ10　テッセイの「エンジェル・リポート」

講義8でご紹介したテッセイの名で親しまれている鉄道整備株式会社には、「エンジェル・リポート」という褒める仕組みがあります（写真5）。これは、現場でコツコツと頑張っている人、よい取り組みをしている人を埋没させずに、きちんと浮かび上がらせ、褒めるために生まれた仕組みです。

彼らの主要業務である新幹線車両や駅コンコース内のトイレなどの清掃はとても地味で、目立たない仕事です。きれいな状態が「当たり前」なので、汚れている状態から社員の努力できれいな状態に戻しても、「それが当たり前」と思われてしまいます。現場の努力や知恵を浮かび上がらせる仕組みがなければ、現場力は埋もれたままになってしまいます。

現場で頑張っている「エンジェル」を浮かび上がらせるエンジェル・リポーターは、現場業務を束ねる役割を担っている現場リーダーである主任たちが務めています。単なる業務運営だけでなく、「褒める」のが主任たちの大切な仕事なのです。「褒めるためには、ちゃんと見ていないとダメ」という意識を、主任たちは持っています。

２０１１年度には、約２６００件の「エンジェル・リポート」が報告されました。平均すると、毎日７件以上のリポートが現場から上がってきています。

その対象者は５６４人。全社員約８２０人のうち、約７割のスタッフが「エンジェル・リポート」の対象となり、その取り組みや努力が認められ、褒められているのです。

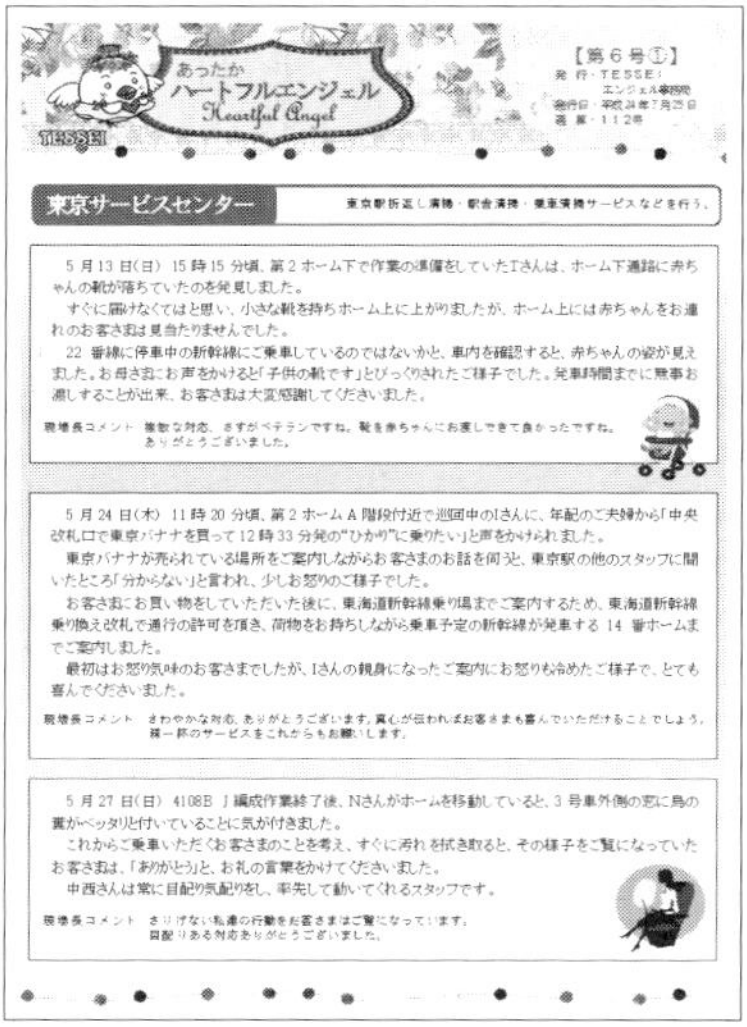

写真５：テッセイの「エンジェル・リポート」

この「エンジェル・リポート」は表彰制度ともリンクしています。テッセイでは以前より表彰制度はありましたが、それは個人に対してではなく、チームに対してのものでした。

しかし、「エンジェル・リポート」の開始とともに、個人表彰に切り替えました。一人ひとりの意識と行動を変えてもらうためには、個人のよい取り組みを直接表彰することが効果的だと考えたのです。

個人表彰は、月間、半期、年間の3つに分けて、できるだけ多くのスタッフをこまめに表彰するよう工夫しています。月間表彰は12〜13名、半期部長表彰は3種類のカテゴリー別に各5名、そして、最高の栄誉である年間優良従業員表彰は20名程度が対象となります。

現在は、「よいことをしている人を褒める」だけにとどまらず、「よく褒めた人を褒める」ために、「ほっと・ぬくもり賞」を新設し、毎年6名程度を表彰しています。これは、「褒める文化」を定着させるための試みです。

自分の頑張りが認められ、みんなの前で表彰されるのは、少し照れ臭いけれど、実に晴れがましいことです。「縁の下の力持ち」の仕事でも、ちゃんと見てくれている人がいる。それを実感することによって、テッセイの現場力は高まっているのです。

講義11　組織密度と組織熱量

一体感とエネルギーの醸成

これまで見てきたように、現場力とは競争戦略を実現するための組織能力です。オペレーションに内包された組織能力の高低によって、戦略が実現されるかどうかが決まります。

現場力という組織能力に秀でた会社には、2つの共通点があります。1つ目は、部門間の連携が密で、一体感がとても高いということ。これを「組織密度」と呼びます。個々人や各部署がバラバラではなく、有機的につながり、チームとして、組織としてまとまって動くことができるのです。

2つ目は、組織から湧き出してくるエネルギーがとてつもなく大きいということ。これを「組織熱量」と呼びます。いくら一体感が高くても、単なる「仲良しクラブ」では意味がありません。共通の夢・目標を実現しようとするエネルギーが、組織全体から湧き上がっていることが重要です。

この2つを分かりやすい言葉で表現すると、「イキイキ・ワクワク」と言えるでしょう。一体感の高い組織は活気があり、とてもイキイキしています。そして、共通の夢・目標に向かって一丸となっている組織は、ワクワクしています。

現場がひとつにまとまり、共通の目標に向かって走り出した時、現場力という競争力は高まっていくのです。

組織密度はコミュニケーションで高まる

組織密度を高めるためには、どうしたらよいのでしょうか？　最も重要な要素は、コミュニケーション、すなわち対話です。組織密度が高い組織は、人と人とをつなぐ対話がきわめて密に行われています。

特に部門間、機能間を超えた連携、意思疎通に腐心し、「タコツボ化」しないような取り組みに力を入れています。その具体例を、日産の「クロスファンクショナルチーム」（CFT）に見ることができます。

ゴーン氏が社長に就任する前の日産では、組織の縦割り化現象が蔓延し、部門間を超えたコミュニケーションや協調がうまく進んでいませんでした。それぞれの部門が自部門の主張のみに固執するという、いわば「部分最適の集合体」に陥っていたのです。当然、「組織密度」は希薄でした。

就任直後にその問題に気付いたゴーン社長は、社内の様々な問題を解決するために、テーマ別にCFTを組織し、全社改革に取り組み始めました。関連する部門や機能からメンバーが選任され、機能横断型チームが編成され、それぞれのテーマの改革に取り組んだのです。

この取り組みによって、日産は大きな成果を上げるとともに、組織密度を高めることに成功しました。そして、それは全社一丸となって問題解決に取り組むという新たな風土をもたらしたのです。

健全な対立関係

組織密度とは「仲良くなる」ことで生まれるものではありません。むしろ、衝突や対立を乗り越えてこそ、部門間の連携は強まります。衝突や対立を避ける「事なかれ主義」では、組織密度は高まりません。

強い現場は、意見の対立や衝突を恐れず、侃々諤々《かんかんがくがく》議論します。ある問題やテーマを議論しても、それぞれの立場によってものの見方や意見、判断は異なって当然です。異なる見方や考え方をぶつけることによって、議論の「質」は高まり、最適解が導き出されます。

たとえば、商品開発部門、営業部門、製造部門の人間が集まれば、それぞれの部門がこだわる点は異なるはずです。商品開発は技術にこだわり、営業はお客さまの要望にこだわり、製造は作り易さやコストにこだわるでしょう。

それぞれのこだわりから生じる意見の衝突は、最適解に近づくための「健全な対立関係」と言うことができます。最初から「全体最適」は存在しません。「部分最適」を乗り越え、「全体最適」を目指すプロセスを通じて、組織密度は高まっていくのです。

物理的な壁を取り除く

「部門の壁」という見えない壁を乗り越え、組織密度を高めるもうひとつ有効なアプローチがあります。それは物理的にオフィスの壁や垣根を取り払い、オープンで風通しのよいスペースをつくってしまうことです。

花王では20年以上も前から、研究所のフロアには仕切りがなく、オープンフロアとなっています。同じ会社の研究者なのに、顔も名前も知らず、何をやっているのかも知らないままでは、組織の持つ総合力を活かすことなどできないと考えているのです。

同様に、花王の役員フロアはパーテーションで区切られてはいるものの、ドア付きの個室ではなく、役員同士でいつでも気楽に対話できる環境を整えています。風通しのよいオフィス環境によって、組織密度を高めようとしているのです。

長い歴史を持つ、伝統的な企業でも、物理的な壁を取り払おうとする動きが出てきています。製錬事業の名門企業・同和鉱業（現ＤＯＷＡホールディングス）は、吉川廣和社長（現会長）の号令のもと、オフィスの壁６枚、仕切り50枚を廃棄し、秘書室を廃止し、社内レイアウトを大胆に変更しました。

社内に蔓延していたセクショナリズムや事なかれ主義を打ち破り、社員の意識改革を図るには、物理的に風通しのよさをつくることが大切だと考えたのです。物理的な壁は心理的な壁につながり、放っておくと人の交流、情報の交流が停滞し、組織密度が劣化してしまいます。

一見単純なことのようですが、オープンなスペースづくりは、タコツボを破壊する「ツボ割り」に結びつき、組織密度の改善に有効なのです。

組織熱量は共通の夢から生まれる

組織密度という一体感は、密なコミュニケーションを通じて生まれてきますが、一体感だけでは競争力とは呼べません。その一体感をひとつの方向に収斂《しゅうれん》させ、ひとつにまとまった組織から大きなエネルギーを引き出さなくてはなりません。

図表25　日産の営業利益推移

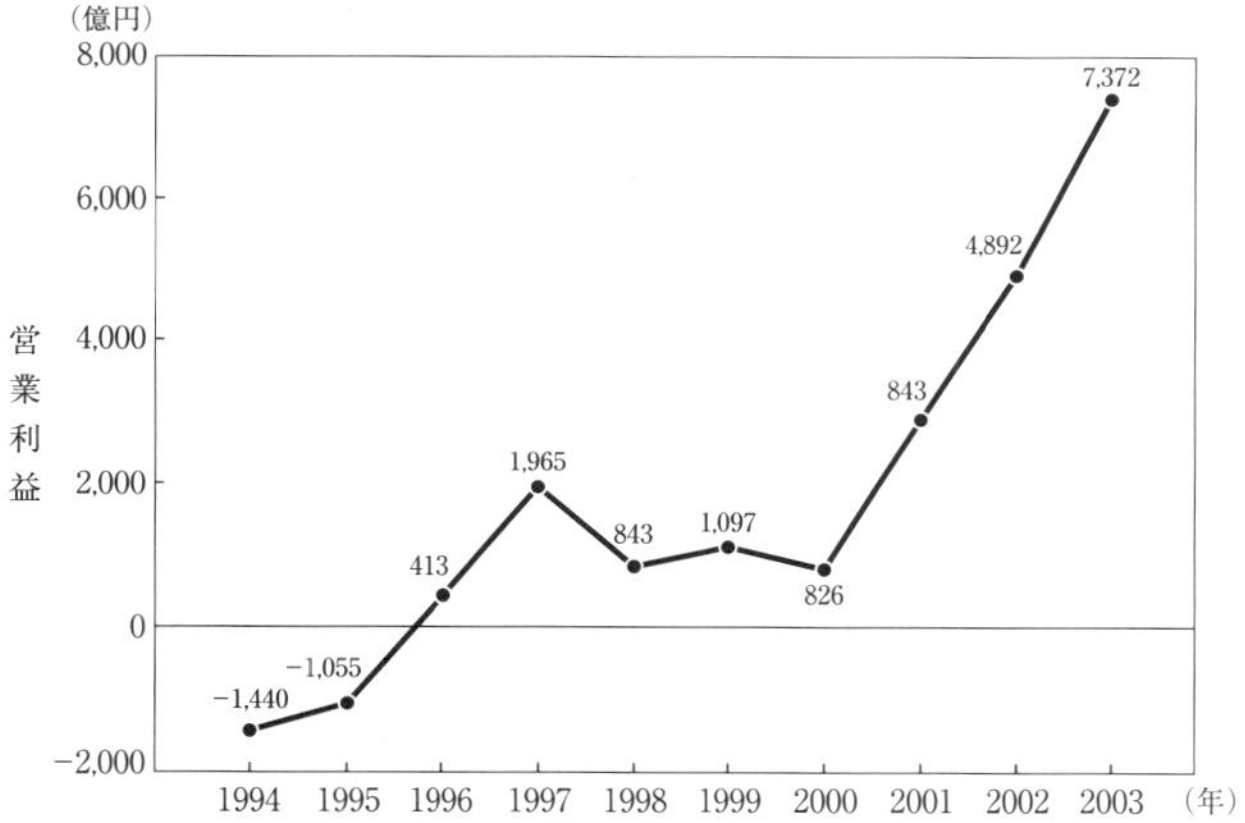

出典:SPEEDA

組織熱量を高めるために必要なのが、共通の夢・目標です。現場が「よし、やろう！」と共感する夢や目標を掲げることによって、組織は熱を帯びてくるのです。

ＣＦＴの取り組みによって、組織密度を高めることに成功した日産のゴーン社長は、その一方で社員を鼓舞し、煽る目標を上手に掲げてきました。苦境に立っていた日産を立て直すための「日産リバイバルプラン」（ＮＲＰ）を成功に導いた後には、新３ヶ年計画「日産１８０」を打ち出しました。

「１８０」は「販売台数１００万台増加」「連結営業利益率８％」「有利子負債０」を意味しています。「１８０」という目標を掲げることによって、日産は「攻め」に転じたのです。

「夢や目標で引っ張る」ことによって、日産はその底力を発揮。１９９８年には約２兆円あった有利子負債を２００３年には全額返済し、12％まで落ち込んだ国内シェアを20％近くまで回復させることに成功しました。日産の組織熱量が、奇跡の復活を可能にしたのです（図表25）。

２０１１年には「日産パワー88」という新中期経営計画を打ち出し、２０１６年度末までにグローバルシェアを８％に高め、売上高営業利益率を８％に引き上げるという目標を掲げています。常に新たな夢・目標を掲げることによって、現場の持つ力は引き出されるのです。

ケーススタディ11　バーベキューで組織密度を高める都田建設

静岡県浜松市に、小さいけれど、地元で圧倒的に支持されている建設会社があります。その名は都田建設。

「感動の家づくり」が口コミで広がり、長引く住宅不況にもかかわらず、着工が3ヶ月先まで順番待ちという人気ぶりです。注文住宅新築を中心に、リフォームや庭づくり、インテリアショップなども手掛けています。

都田建設の歴史は、1986年に現会長の内山覚氏が設立した内山建築店から始まります。2007年に蓬台浩明氏が社長に就任し、「感動の家づくり」をコンセプトに業容を拡大してきました。

この会社には営業マンはいません。モデルハウスもありません。にもかかわらず、これだけの人気を誇っているのは、都田建設の社員たちが生み出す「感動」を顧客が高く評価し、それが評判となって地域に広まっているからです。まさに、現場力こそが都田建設の競争力の源泉なのです。

単に家を設計し、建てるのではない。「家づくりそのものを感動の時間にし、記憶に残るような体験にしたい」というのが、都田建設のコンセプトであり、思いです。

「家づくり」だけでなく、「感動づくり」にこだわるこの会社では、社員一人ひとりが常に「感動」を意識し、アイデアを持ち寄り、みんなで実践しています。「感動」という言葉を使うと誤解を与えるかもしれませんが、この会社がこだわっているのは、人に対する「心遣い」です。

「家づくり」という人生における一大イベントを、たくさんの「心遣い」で記憶に残る体験にしたいと、社員全員が知恵やアイデアを出し、日々仕事に取り組んでいるのです。

しかし、蓬台社長は「〝感動の家づくり〟を社内で最初に打ち出した頃は、本当に大変だった」と吐露します。都田建設の社員数は約40人。その年齢層は、20代から70代までと幅広く、中には「感動」という言葉に気恥ずかしさを感じたり、「いい家さえつくればいいんだ」という職人気質から抜け出せない人も数多くいました。

社員一人ひとりは一生懸命働いているのだけど、どこか一体感がなく、組織密度は希薄でした。組織がひとつにまとまらず、力が結集できていなかったのです。

そうした社内の「温度差」を解消するために、蓬台社長が手探りで始めたのが、「バーベキュー」でした（写真6）。「会社がまだまだひとつになり切れていない。社員のみんながひとつになれることを毎週やりたい」と考えた蓬台社長は、毎週木曜の昼に、全員参加のバーベキューを始めたのでした。

時間は1時間。予算は1万円。全員参加が原則です。最初はいやいや参加する社員たちもいました。協力的ではない社員もいました。しかし、回数を重ねるごとに、みんなで集まり、協力し、汗をかいて、笑いながら食事をすることの楽しさと大切さを実感するようになっていきました。

2008年夏からスタートしたバーベキューは、既に100回を超えています。いつの間にか、人と人の間の壁が取り払われ、大きな一体感や連帯感が生まれてきています。

写真6：都田建設で行われる社内バーベキュー

会社は人が集まる組織です。しかし、単に人が集まるだけでは、「集合体」にすぎません。社員一人ひとりを有機的につなぎ、「結合体」へと進化させることによって、大きな力が発揮されます。

都田建設は、バーベキューという「場」をつくることによって、社員と社員をつなぎ、組織密度を高めることに成功したのです。

講義12　現場力が生まれるメカニズム

図表26　強い現場をつくるメカニズム

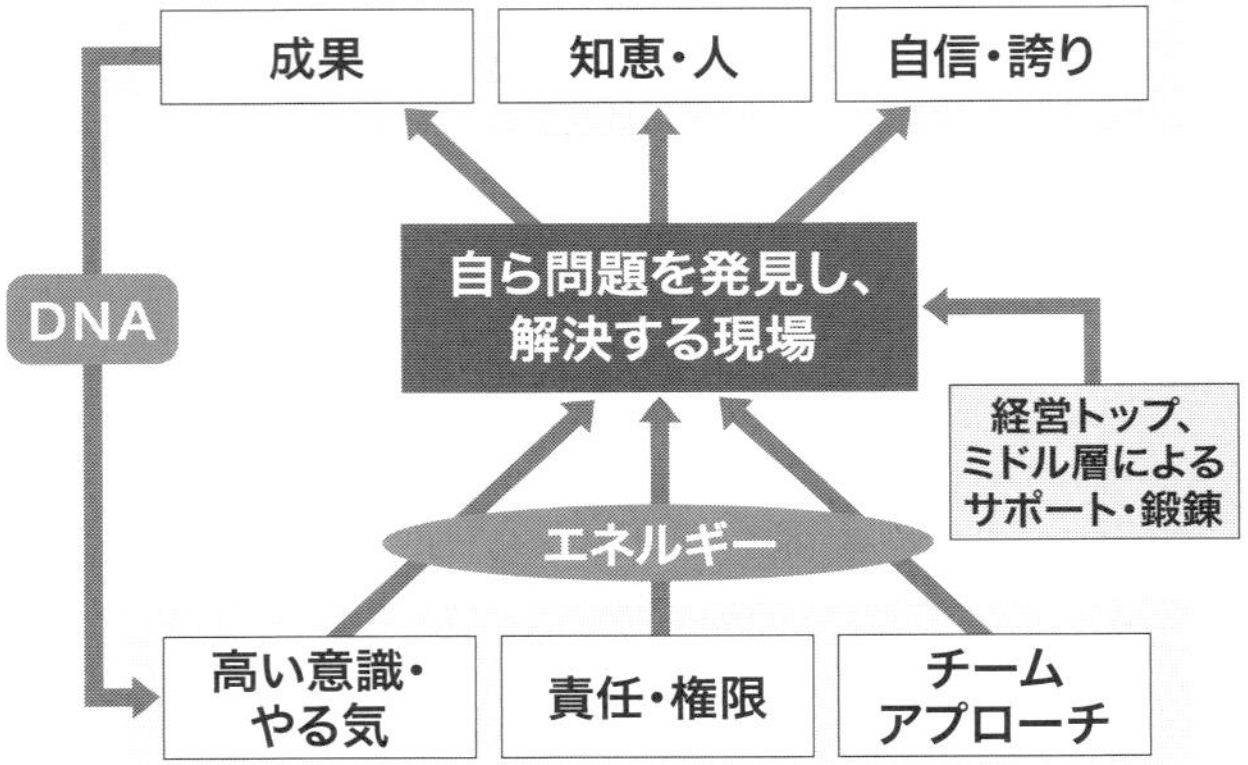

出典：著者作成

自走する現場をつくる

これまでの講義で、現場力というオペレーションに内包されている組織能力について、様々な角度から検証してきました。現場力という競争上の優位性は、何かひとつの施策を実行すれば生まれるという単純なものではありません。多様な要素が複雑に絡み合う、実にダイナミックなものです。

現場力を生み出すためには、その全体のメカニズム（構造）を理解することが大切です（図表26）。そのメカニズムを踏まえた上で、個々の施策を展開することが不可欠です。

現場力の起点となるのは、現場で日々の業務を担う社員一人ひとりの「高い意識とやる気」です。潜在的なやる気に火をつけ、その能力を最大限に引き出すためには、それぞれの役割に応じた「責任・権限の付与」が必要です。

さらに、現場力は「チーム」での取り組みによって鍛えられていきます。お互いに協力し合ったり、学習し合う仲間がいてこそ、より大きな力へと高まっていきます。

こうした取り組みによって、現場から大きな「エネルギー」が湧いてきます。このエネルギーは現場の知恵やアイデア、創意工夫を誘発し、問題解決、すなわち継続的改善が進展します。「自ら問題を発見し、解決する現場」はこうして生まれてくるのです。

しかし、現場力強化はこれで終わりではありません。現場の問題解決活動の継続的な取り組みによって、現場主導による「成果」が生まれ、独自の「知恵・人」が蓄積された結果、「自信・誇り」が醸成されてくるのです。

プライドを持った現場は、やがて自走し始めます。誰から言われなくても、現場の自主性、自発性、自律性によって、「進化」を続けようとするのです。これが「現場力のＤＮＡ」となり、他社には真似のできない独自の競争力、優位性となるのです。

このメカニズムにおいて重要な役割を担うのが、経営トップであり、ミドル層です。現場力の主役、エンジンはあくまでも現場ですが、このメカニズムが機能するための仕組みをつくり、環境整備を担うのが、経営トップ、ミドルの役割です。

現場力を誘発するためのビジョンを掲げ、現場のモチベーションを高めるための様々な施策や仕組みを実施したり、制度設計、インフラ構築など、持続的な取り組みとなるための仕掛けを講じることが不可欠です。

時には、現場と一緒に汗をかき、叱咤激励、サポートすることも求められます。全社一丸で取り組むことが、現場からより大きなエネルギーを引き出すことにつながります。

現場力強化に秘策はありません。このメカニズムに沿い、愚直に、着実に行動を積み重ね、組織能力を高めていくことが肝要なのです。

5-20-100の理論

「メカニズムは分かったが、そもそもうちの現場にはやる気がない」。そう感じる人もいるかもしれません。

確かに、現場で働く人たちは多様です。やる気に満ち、積極的に動く人もいれば、言われたことしかやらない、あるいは言われたことさえ満足にできない人もいます。それが現実である場合が多いでしょう。

現場という組織体を、一気に変えることはできません。すべての人が最初から前向きに取り組もうとしたり、協力的であることは期待できません。

初めは、意識の高い一部の人たちが動き出すことから始めざるをえません。その起点となるのは、「核人材」と呼ばれる5％の人たちです。

100人の組織であれば、5人。この5％の人たちが、経営トップの思いを受けて、「現場を変えよう！」「現場力を高めよう！」という志を持ち、第一歩を踏み出すことが必要です。

自分の職場や部門における問題解決に実際に取り組み、問題解決の重要性やインパクトを知らしめる。「やれば、変えられる」ということを実践してみせることが重要になります。

しかし、5％だけでは組織全体を変える力にはなりません。この5％の人たちを核にして、20％の人たちに広げていくことが肝心です。5人に1人が「変革人材」として現場力の重要性を理解し、動き始めれば、会社は大きく変わり始めます（図表27）。

多くの会社では、5％から20％にまで広げることができずに、尻つぼみで終わっています。20％にまで輪を広げる努力こそ、現場力強化にとって何より重要なのです。

5％の「核人材」は、自ら問題解決を実践するだけでなく、自分の後に続く4～5人の人

図表27　5－20－100の理論

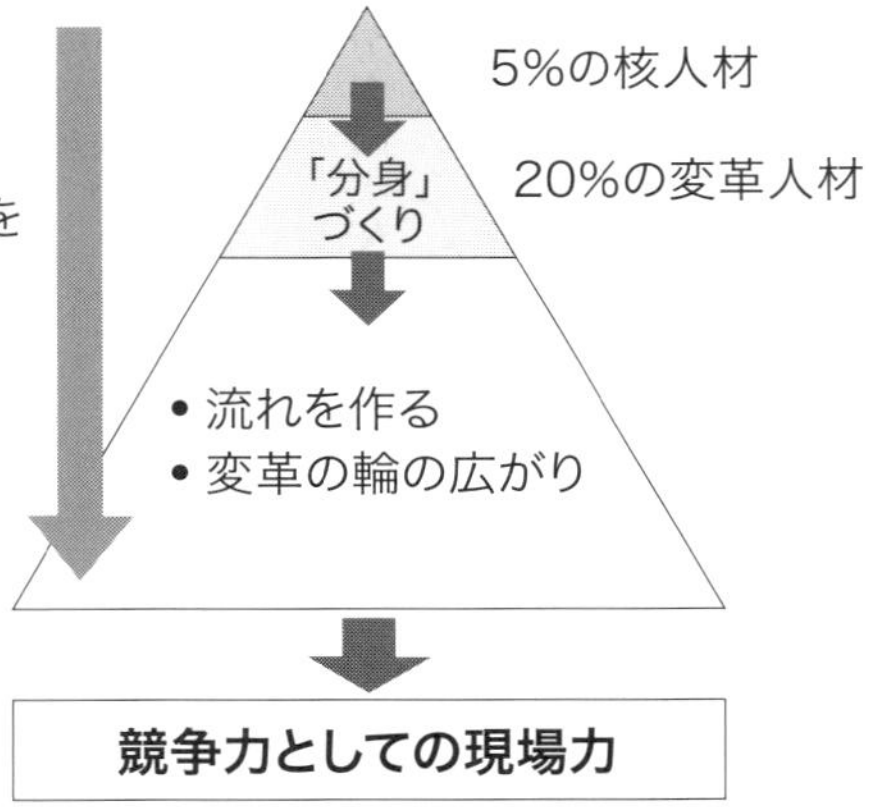
問題解決ができる人材を育成する

出典：著者作成

材を育てることが重要なタスクです。1人の「核人材」が自分の「分身」を4～5人育てることができれば、現場力は大きなうねりとなって広がっていきます。

組織内の20%の人たちが現場力を信じ、動き始めることによって、残りの80%の人たちにも影響を及ぼしていきます。「流れ」ができれば、その「流れ」に乗ろうとする人が大半です。5%から20%へ、さらに最終目標の100%へと、焦らずに広げていくことが大切です。

「個の情熱」から「組織の執念」へ

強い現場力を持ち、「オペレーショナル・エクセレンス」を誇る企業には、ひとつの共通点があります。それは「自己否定」「現状否定」という思想が根付いていることです。

ケーススタディ1で紹介した花王では、「現状不満足企業たれ」というスローガンが浸透しています。長年、業務改善や商品改良に取り組み、大きな成果を上げ続けているにもかかわらず、常に現状を「否定」し、さらなる高みを目指そうとする姿勢が、花王の現場力を根っこで支えています。

トヨタでも、「打倒トヨタ」運動という社内運動が展開されていました。「トヨタの敵はトヨタだ」という、いわば「自己否定」の試みです。

こうしたスローガンは、単なるお題目ではありません。経営トップとミドル、そして現場が常に危機感と緊張感を共有し、日々の進化を積み重ねていく。そのための行動指針であり、現場力を支えるスピリットなのです。

そうしたスピリットを共有する個々の行動から、現場力は動き始めます。現場力は、「私がやります！」という「一人称」から常にスタートするのです。

トヨタで海外のアフターサービスの改善活動に取り組んだエピソードを聞いたことがあります。それは10年以上にわたり、海外の販売会社やディーラーを巻き込み、大きな成果を上げた改善の取り組みなのですが、それをスタートさせたのは、たったひとりの係長でした。

当初は人もお金もなく、賛同者もいなかったそうです。しかし、「いつか自分が変えてみせる！」という彼の情熱が組織内に伝わり、その輪は徐々に広がっていきました。そして、海外をも巻き込む大きなうねりとなっていったのです。

現場力という目に見えない力を湧き立て、推進するのはあくまでも「個の情熱」です。「私がこの問題を解決してみせる！」「私がこの現場を変えてみせる！」という強烈な思いを持った個が登場しない限り、現場が変わることはありません。人任せにして、現場が強くなることなどないのです。

日々のオペレーションを担っている現場では、「慣性の法則」が根底に流れています。目先の業務に流され、変化を嫌います。同じことを淡々と繰り返すほうが楽だし、無難だからです。だからこそ、大きなエネルギーがなければ、現場を変えることは困難です。

現場力を誇る企業を見ると、こうした「個の情熱」から始まった取り組みを広げ、愚直に継続し、「組織の執念」へと高めています。そうした取り組みから、新たな情熱を持った個が生まれ、また次の取り組みが始まります。現場力に「完成」はありません。

ケーススタディ12 「安全の番人」をつくるJR東日本

２０１１年3月11日の東日本大震災で、ＪＲ東日本の鉄道網は壊滅的な被害を蒙《こうむ》りました。数多くの駅舎、線路は流され、新幹線を支えるインフラも大きなダメージを受けました。

にもかかわらず、ひとりの死傷者も出すことはありませんでした。それを「奇跡」と言う人もいますが、その背景にはＪＲ東日本が長年取り組んでいる愚直な現場力強化の取り組みがあるのです。

ＩＣカードのスイカや、駅ビルを中心とした商業施設の業績が好調な同社ですが、その本業はあくまでも鉄道です。非鉄道事業を大きく伸ばしてきたとはいえ、鉄道事業の収入は全社の7割以上を占めます。

その営業キロは７５２６km、１日の輸送人員数は１６８６万人にも上ります。首都圏の主要な私鉄のひとつ、東京急行電鉄の営業キロが１０４・９km、１日の輸送人員数が２９１万人であるのを見れば、ＪＲ東日本の鉄道事業の規模がいかに巨大であるかが分

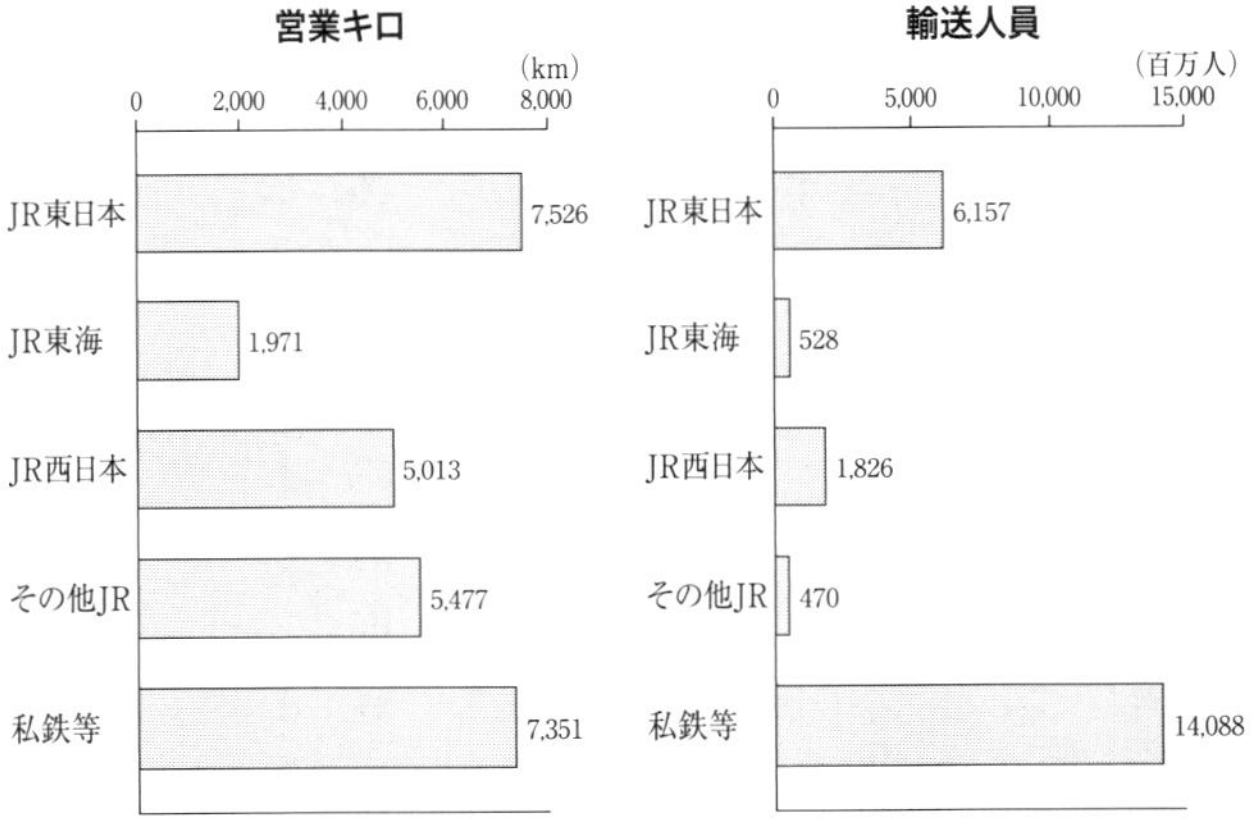

図表28　JR東日本と他鉄道会社との比較

出典：同社HP（2009年3月期）

かります（図表28）。

言うまでもなく、鉄道事業の最大の使命は「安全」です。東日本というきわめて広域なエリアで事業を営んでいるJR東日本にとって、安全は最大の優先事項であるとともに、懸念材料でもあります。

これまでにも様々な取り組みを実施し、自動列車停止装置（ATS）などの安全技術に多額の投資を続けてきましたが、現実には安全技術だけで事故をゼロにすることは不可能です。地震、降雪、突風などの自然災害に加え、ヒューマンエラーによるミスやトラブルも起こりえます。

同社の鉄道事業の現業機関は730ヶ所、社員数は4万6000人にも及びます。運転士、車掌、検修など、日々の運行を司《つかさど》る運輸車両部門だけでも、123ヶ所、1万8300人の社員が現場での業務に従事しています。

1日のドアの開閉数は約600万回、踏切開閉数は約70万回、運転士の信号確認数は約120万回にも及びます。これだけ巨大で、複雑なオペレーションの中で、安全を確保するのは至難と言わざるをえません。

先端的な安全技術に対する投資は必要不可欠ですが、その一方で、安全を直接的に司る人の育成がどこまでできるかが、安全確保の大きな鍵となるのです。事故の「再発防止」については安全技術や仕組みの確立が有効ですが、「未然防止」を行うのは人間以外ではありえないからです。

現場で業務に従事する一人ひとりが、事故の予兆を感じ取れなくては、安全確保は不可能です。現場の日常業務において、スペシャリストとしての「安全の番人」を育成することが、真の安全確保につながるのです。

JR東日本では「安全の番人」の育成に、経営トップと現場が一体となった「本気の取り組み」を行っています。そのひとつが、2005年度からスタートした「現場長鍛錬塾」です。

運輸車両部門に属する全現場長130人を対象に、石司次男副社長の肝煎りで実施されています。130人を4回に分け、1泊2日の泊まり込みで安全について議論し、現場長の意識改革、行動改革を促しているのです。

副社長自らが2日間を仕切り、資料も自ら用意します。講話の時だけ来て、すぐ帰るというのではありません。まさに経営トップと現場長が膝詰めで、安全について本音で語り合うのです。

時には厳しい投げ掛けや、詰問もあります。安全に対して同じ「熱」を帯びるためには、綺麗事の議論では何の意味もありません。

鉄道業務において、安全を確保するキーマンは、現場を統率する現場長にほかなりません。現場長が安全に対して「火の玉小僧」とならなくては、現場の社員一人ひとりが本気の取り組みをするはずもありません。

その現場長と経営トップが直接対峙し、安全について夜を徹して語り明かす。それぞれが抱える思いと本音をぶつけ合います。こうした垣根のない「本気の取り組み」によって、経営と現場は一体となり、安全確保に向けた動きが加速されていくのです。

現場力は理屈ではなく、一人ひとりの行動の積み重ねです。経営トップ、現場長、そして現場の一人ひとりがそれぞれの立場で、同じ思いを共有し、やるべきことを愚直に実践する。

安全とは、そうした行動の反復によってもたらされる「果実」にほかならないのです。

講義13　現場力の海外移転

図表29　製造業における海外生産比率の予測

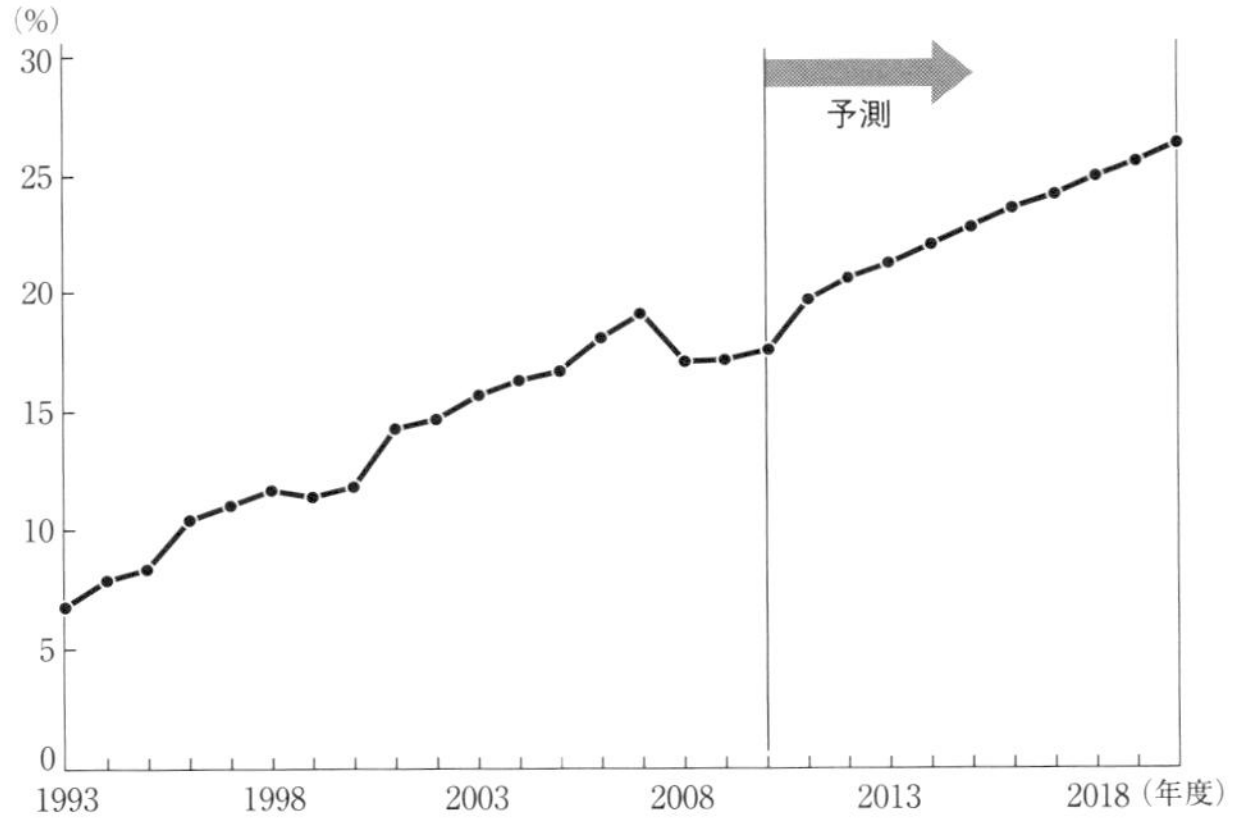

出典：みずほ総合研究所

海外シフトが進む日本の製造業

超円高が続く中で、日本の製造業はものづくりの海外シフトを加速させています（図表29）。トヨタ自動車は2014年までに国内の生産能力を約1割強（50万台）削減し、310万台にすると発表しました。逆に海外では生産台数を拡大し、2015年には1000万台を目指すとしています。国内生産は全体の3割以下です。

日産はさらにドラスティックな海外シフトを進めています。国内の主力拠点である追浜工場の生産ライン2本の内、1本を2012年7月に停止。国内生産していた「ティーダ」はタイ工場へ移管し、日本に逆輸入する方針です。日産の国内生産は100万台程度にまで縮小します。

こうした海外シフトが加速度的に進む中、海外拠点における現場力強化は待ったなしの経営課題となっています。しかし、言語、文化、風習の異なる海外で、現場力という組織能力を確立することは容易ではありません。日本での取り組み以上に、粘り強く人を育てる覚悟が不可欠です。

トヨタは日本のマザー工場を基点にして、世界三極のグローバル生産推進センター（GPC）を設置し、現場力のグローバル化にいち早く取り組んできました。今では、「Trainer's Trainer」（現場指導者の育成者）として日本人以外の人材が育ち、たとえばタイ人のTrainer's Trainerがブラジルの工場に指導に出向くなど、海外 - 海外の協力関係にまで高まっています。

工場や生産設備という「ハード」は、お金を出しさえすれば手に入れることができます。しかし、現場力という「ソフト」を海外で構築するためには、愚直な人づくりを時間をかけて行うしかないのです。

木に竹は接げない

海外シフトの加速化によって、現地の人材を中心としたオペレーションを海外で展開する際に多くの日本企業が悩むのが、日本的な価値観や行動様式をどこまで現地に導入するかという点です。終身雇用、あるいは長期雇用がベースにあり、会社への忠誠心や帰属意識を期待できる日本人と違って、転職が当たり前で、働くことは「稼ぐ手段」と割り切る傾向が強い海外で、そもそも現場力などというものが成り立つのかという根本的な疑問にぶち当たります。

「郷に入《い》っては郷に従え」という格言もあるように、それぞれの地域・国の文化、風習に合ったオペレーションを確立すればよいという、割り切った考え方もありえます。価値観や行動様式が異なる人たちに、無理やり自分たちの価値観や行動様式を押し付けること自体がナンセンスだという考え方もあるでしょう。

しかし、多くの日本企業が海外シフトを行う最大の目的は、それぞれの企業が長年培ってきた高い品質の商品やサービスを海外で生み出すことにあります。そのベースとして、日本で大切にしてきた価値観や行動様式がなくては、海外で同等の価値を生み出すことは困難です。

トヨタのある役員の方は、米国の生産拠点での経験を踏まえ、「木に竹は接げない」と語っていました。木と竹は別々のもの。それを無理やりつなげようとしても、つながるはずもないという意味です。

この言葉は、「だから、米国でトヨタ的な運営は無理」という意味ではなく、「手間暇はかかるが、一本一本木を育てなくてはダメだ」ということを示唆しています。実際、トヨタの米国の生産拠点では、今では日本の生産拠点で見られるような改善活動がとても熱心に行われ、大きな成果を生んでいます。

その求心力となっているのが、「トヨタウェイ」です。トヨタ社内で長年にわたって暗黙知として共有されてきた価値観や行動様式を、形式知化することによって、言語や文化が異なる人たちに「自分たちが大切にしてきたこと」を伝える。「トヨタウェイ」が世界の生産拠点をつなぐ「掛け橋」となり、共通言語として位置付けられています。

たとえ地域や国が違っても、トヨタ的な価値観を理解し、共感、実践してくれる人は必ずいるはずです。それを信じ、人づくりに励んできたからこそ、海外においても現場力が育っているのだと言えます。

マザーベースとしての日本の現場

日本企業が海外展開を加速させ、そのオペレーションを海外へシフトさせればさせるほど、日本国内の現場の位置付け、役割が大きく変化します。規模やボリュームという意味では、国内の現場の相対的な位置付けは小さくなっていくのはやむをえません。

しかし、規模が縮小するからといって、国内の現場が不要になるということではありません。海外拠点の現場力を磨くためには、そのお手本となる日本の現場の競争力を今まで以上に高めなければなりません。日本の現場が「マザーベース」として進化してこそ、海外拠点の力も高まるのです。

「たんなるマザー工場ではなく、グレートマザー工場を目指せ」

ケーススタディ9で紹介したコマツの坂根正弘会長は、そう発破をかけます。コマツでは、世界に分散する海外工場を「チルドレン」と呼んでいますが、その「チルドレン」のレベルを向上させるためには、日本のマザー工場が常に最先端を走っていなくてはなりません。

また、いち早く海外シフトを進めてきた代表例が、ヤマハ発動機です。主力商品である二輪車は、欧州、アジア、中南米の15ヶ国で生産拠点を持っています。

2011年の二輪車の出荷台数は約700万台。その内、日本国内での生産はわずか20万台にすぎません。全体の３％未満です。

　中国の二輪車の新車市場は１４００万台。インドは１３００万台にも上ります。それに対し、日本は50万台以下。巨大な需要が生まれている新興国を中心に、「地産地消」という流れは止められません。しかし、同社は静岡県磐田市の本社工場を「マザー工場」と位置付け、世界に分散する工場群のお手本となる工場にするための様々な試みに挑んでいます。

　大型少量モデルを効率的に組み立てる「大型ショートライン」や、小型少量モデルを担当する「セル生産」など、日本の現場力を最大限に活かすものづくりに挑戦しています。セル生産を担当するのは、全員女性です。そこでは、日本人女性のきめ細かさが活きています。

「マザーベース」の重要性は、けっして製造業だけではありません。海外展開を加速するサービス業、流通業においても、国内の拠点や店舗が「マザーベース」としての役割を果たさなければなりません。中国、インドなどの新興国からは、日本企業の規模をはるかに超える巨大な競争相手が次々と生まれてきています。そうした企業と「体格」を競って争うのは、日本企業にとって得策ではありません。

　日本企業は「体質」のよさで勝負するのが、戦略の基本です。そのためには、国内の現場の「体質」強化を図り、常に手本を示さなくてはならないのです。

ケーススタディ13　中国でヤマト流の現場力を育てるヤマト運輸

ケーススタディ3でもご紹介したように、宅急便のヤマト運輸を運営するヤマトホールディングスは、現場力を競争力の中核に据え、その強化に取り組んできました。

そのヤマト運輸は海外展開に大きく舵を切っています。２０００年に台湾で合弁事業で宅急便を開始し、大きな成功を収めています。その経験を踏まえ、２０１０年には単独で中国・上海、シンガポールで事業を開始。さらに、２０１１年には香港、マレーシアにも進出を果たしています。

ヤマトは長期経営計画として「ＤＡＮ‐ＴＯＴＳＵ経営計画２０１９」を打ち出しています（図表30）。その中の柱のひとつとして、アジアネットワークの充実を目指しており、海外売上比率20％を目標としているのです。

海外進出の際の基本的な考え方は、日本のやり方、仕組みをそのまま移植するというものです。サービスレベル、サービス内容、人材教育などは日本の成功モデルをベースにして、ヤマトならではのサービス、人づくりを海外で行うという「日本発」の仕組み

図表30　ヤマトの「DAN-TOTSU経営計画2019」

	2010年度見通し		2013年度
連結営業収益	1兆2,280億円	▶	1兆4,400億円
連結営業利益	640億円	▶	880億円
営業利益率	5.2%	▶	6.1%
ROE	6.5%	▶	8.5%
宅配便取扱数量	13億4千万個	▶	16億8千万個［国内：15億6千万個　海外：1億2千万個］

出典：同社HP

づくりに取り組んでいます。

ヤマトには「ヤマトは我なり」という名言で知られる「社訓」があり、社内ではとても重視されています。「ヤマトの魂」は世界のどこでも不変であるという考え方に基づいて、グローバル展開が進められているのです。

しかし、現実には文化、風習、習慣が異なる異国の地での業務展開は容易ではありません。上海進出の際も、きめ細かい宅急便サービスが中国で受け入れられるのか、現地のドライバーで高度なサービスが提供できるのかなど、懐疑的な声がありました。

たとえば、中国では荷物の配送時、

玄関のチャイムを押しても返事がないと、ドアノブをガチャガチャと鳴らして大声で呼ぶのが当たり前です。「それはダメだ」と教育しても、当初は「なぜそんな気遣いをするのか分からない」と理解してもらえなかったそうです。

また、ヤマトではお客さまに対して帽子を脱いでお辞儀をするのがルールになっていますが、そうした習慣のない中国では大きな抵抗がありました。

そのような違いがある中で、ヤマト流の考え方、サービスを理解させ、納得させ、実行させなければならないのです。安易な気持ちで取り組んでいたのでは、現地で長年根付いている文化、習慣を変えることなどできません。

事業開始に伴い、ヤマト本社は現地のセールスドライバー（ＳＤ）を指導するＳＤインストラクターを数十名日本から派遣しました。彼らは、「〝ヤマトの魂〟を中国に伝えたい」と自ら手を挙げた〝志願兵〟です。

インストラクターは、座学で教育するだけでなく、現地ＳＤと一緒に車に乗って集配に出かけ、現場で指導します。実践を通して、マンツーマンで指導し、ヤマト流を教え込むのが一番だと考えているのです。

もちろん、中国の文化や習慣そのものを否定しているわけではありません。しかし、ヤマトに入社した以上、ヤマトのやり方、約束事を守ることの重要性を、腹に落として理解、納得させないといけないのです。

たとえばタバコを吸う場所の決まりや、運転中・研修中は携帯電話に出ないなど、日常的なマナーまでいくつもの規則を理解させ、実践させなければなりません。独り立ちできるまでには、30日から45日もの時間が必要だと言います。小手先の取り組みでは、「ヤマトの魂」を移植することはできません。

教育の効果はじわじわと表れています。インストラクターの指示通りに実践し、お客さまから笑顔で迎えられたりすることで、仕事の喜びを感じるＳＤが着実に増えています。

ヤマトは人事や昇進の仕組みに関しても、日本の制度を踏襲しています。全員がＳＤからスタートし、センター長、副区域長、区域長へと昇進するキャリアパスをつくっています。ＳＤを現場の「駒」扱いするのではなく、自分の頑張り次第で新たな道が開けるヤマト流の仕組みは、現地ＳＤのやりがいにつながっています。

異なる文化、風習、習慣を無視したり、排除したのでは、スムーズなオペレーションを海外で行うことは困難です。文化的差異に対するリスペクトは不可欠です。

しかし、現場力という日本企業独自の競争力を武器に海外で戦おうと思うのであれば、「日本スタンダード」を「グローバルスタンダード」へと高めなくてはなりません。日本の現場の「当たり前」が、世界で「当たり前」になることによって、日本企業は海外で躍進することができるのです。

講義14　現場力と「見える化」

問題解決の第一歩は問題発見

現場力を高めるためには、「見える化」の仕組みが不可欠です。「見える化」がうまく機能しなければ、現場力強化は実現できません。つまり、現場力と「見える化」はワンセットとして考えることが大切です。

現場力を端的に表現すると、「現場による自律的問題解決能力」と言うことができます。現場で働く一人ひとりが単に仕事をこなすだけでなく、常に「Make it better」を目指し、様々な問題解決に継続的に取り組んでいく力が現場力です。

しかし、当然のことですが、いきなり問題解決が可能になるわけではありません。問題解決をするためには、まずは問題を発見することが必要です。その問題発見を効果的に行うための仕組みとして生まれたのが、「見える化」です。

問題解決能力が高い現場というのは、問題発見能力に優れているのです。現場に潜む様々な問題が常に顕在化され、見える状態になっている。だからこそ、問題解決が進展するのです。

とりわけ、問題の「兆候」を「見える化」することが重要です。問題になってしまってか

図表31　トヨタの「アンドン」

出典：『最強の現場力』

ら「見える化」したのでは、問題の発生を抑えることができません。

問題になりそうな兆《きざ》しや予兆を見逃さず、大きな問題となる前に手を打たなければなりません。強い現場は、「兆候」を「見える化」することを常に心掛けています。

「アンドン」の3つの意味

「見える化」の本質を理解する上では、「アンドン」という仕組みを学ぶことが有効です。「アンドン」は、トヨタをはじめとする自動車生産ラインなどで導入されている仕組みです（図表31）。

自動車の組み立てラインでは、作業員はそれぞれの持ち場で業務を行っています。その作業員の頭上には、「ひもスイッチ」がぶら下がっています。この「ひもスイッチ」は、作業員が作業中に異常を発見したり、自分の作業が遅れているなど何か問題が起こった時に、引っ張ります。

「ひもスイッチ」を引くと、天井から吊るされた「アンドン」と呼ばれる掲示板に記された数字にランプが点灯します。その数字は、それぞれの作業者（作業工程）の番号を表しています。つまり、「アンドン」に明かりが灯ることによって、その番号の作業者のところで、「何か問題が発生した」ことが「見える化」されるのです。

「アンドン」に気付いた現場監督者である班長は、直ちにその作業員のもとに向かいます。そして、作業員から話を聞き、一緒にその問題解決に取り組むのです。

とてもシンプルな仕組みですが、ここには日本が誇る高品質の自動車を生産するための、とても大切な3つの意味がこめられています。

(1) 一人ひとりの従業員は与えられた作業を行うだけでなく、問題を発見する役割を担っている。

(2) 問題を見つけたら、それを抱え込まずに、タイムリーに告知する。

(3)　問題解決は互いに協力し合い、チームで取り組む。

問題のない現場は存在しません。発見されない問題は、永遠に解決できません。問題を埋没させずに浮かび上がらせる仕組みこそが、「見える化」なのです。

問題解決のＰＤＣＡ

講義10の中で「ＰＤＣＡ」サイクルの重要性をお話ししました。Plan（計画）‐Do（実行）‐Check（結果検証）‐Action（対策実施）というサイクルを粘り強く回し、中でもCheck‐Action の流れが現場力を高める上で重要です。これを「計画達成のＰＤＣＡ」と呼びます。

実は、ＰＤＣＡはもうひとつ存在します。それは、「見える化」を軸とした「問題解決のＰＤＣＡ」です（図表32)。実際に現場で問題解決に取り組む際には、このＰＤＣＡが効果的です。

「問題解決のＰＤＣＡ」の出発点は、Problem-Finding（問題の発見）です。現場の作業員は、常に問題発見を行うという心構えを持って、仕事に取り組まなくてはなりません。

図表32　問題解決のＰＤＣＡ

出典：著者作成

次に、発見した問題のDisplay（問題の「見える化」）によって、チーム内で問題が共有されます。

そして、現場の知恵によって問題をClear（問題の解決）し、最後はAcknowledge（問題解決の確認）が必要です。

この「問題解決のＰＤＣＡ」こそが改善のサイクルであり、それぞれの現場、職場で自主的に取り組むべきものです。

「計画達成のＰＤＣＡ」が「Plan」（計画）を軸にサイクルが回るのに対し、「問題解決のＰＤＣＡ」は「Problem」（問題）が中心にあります。問題は現場力を高め、競争力を高めるための梃子《てこ》になります。「問題は自分たちを強くしてくれる」という意識を持ち、問題を肯定的に捉えることが大切です。

ヤマト運輸の宅急便の現場では、セールスドライバー（SD）の実績が、個人別に「マイUPシート」と呼ばれる個人評価シートの形で毎日「見える化」されています。これは約15の項目について、前日の業務パフォーマンスや目標との差、支店内での順位などが明示されるものです。

「出勤してから出庫するまでに要した時間」「帰庫してから退社するまでに要した時間」「8時までに配送を完了した比率」「午前中に配送を完了した比率」など、配送業務に関する実績が数値化され、レーダーチャートで示されるのです。

SD間の競争を煽るという面もありますが、その根本にあるのは自分の弱点や課題を認識し、日々改善することです。毎日の業務に漫然と取り組むのではなく、常に自分の問題と向き合い、それを改善、解決することによってヤマトの現場力は鍛えられているのです。

「見える化」の5つのカテゴリー

「見える化」の原点は、「アンドン」の事例に見られるように、「問題の見える化」です。現場力を鍛えるためには、問題がタイムリーに顕在化し、視覚化されることが大切です。

図表33　現場力を高めるための「見える化」

出典：著者作成

しかし、企業活動において「見える化」されるべきは、「問題」だけではありません。それらを大別すると、「問題」も含めて５つのカテゴリーに分けることができます（図表33）。

「問題」以外の４つのカテゴリーを説明しましょう。

「状況」：企業活動の実態を見えるようにする。たとえば、今のコスト構造はどうなっているのか、工場の生産性はどうなっているのかなど、現在のあるがままの姿がタイムリーに「見える化」されることによって、様々な問題も浮き彫りになってくる。

「顧客」：顧客のところで何が起きているのかを見えるようにする。顧客の満足度、要望、競争相手の状況など、顧客への価値を増大するためのヒントが隠されている。

「知恵」：社内の知恵やアイデア、経験などを見えるようにする。問題解決を加速するために、社内に埋もれがちな知恵を共有し、活かすことが大切である。

「経営」：全社や事業部門の経営管理を行うために、様々な指標（ＫＰＩ：Key Performance Indicators）を設定し、経営状況を見えるようにする。飛行機の操縦室にたとえて、「コックピット」などと呼ぶこともある。


多くの会社では「経営の見える化」を導入し、「管理の見える化」を強化しています。企業経営に管理は不可欠ですし、「コックピット」のような仕組みも必要です。

しかし、「見える化」の本質は管理強化ではありません。目指すべきは、現場が自律的に問題解決を進める「自律の見える化」であることを忘れてはいけません。

問題解決を加速するために、どのような「見える化」が必要なのかを現場自らが考え、実践する。「見える化」は現場力を支え、高めるための強力な仕組みであり、ツールなのです。

企業経営における「見える化」とは、これらの「見える化」が体系的、統合的に実践され、有機的につながっている状態を指します。部分的、断片的な「見える化」で終わらせず、企業活動を支える基盤（インフラ）として「見える化」を位置付け、構築することが重要です。

ケーススタディ14　店舗における「見える化」で大きな効果を上げるイトーヨーカ堂

「見える化」は、ものづくりの現場で培われてきた考え方です。しかし、その有効性は工場のオペレーションに限定されたものではありません。

「見える化」の導入で大きな効果を上げた好例として挙げられるのが、イトーヨーカ堂の店舗作業改善プロジェクトです。店舗における作業手順や売り場づくりを見直し、利益改善につなげています。

イトーヨーカ堂と言うと、「業革」（業務改革委員会）が有名です。「業革」はトップダウンの取り組みですが、店舗作業改善プロジェクトはボトムアップによる現場起点の改善の取り組みです。

最初の対象店舗となったのは大宮店でした。その後、全国の店舗を対象に、各店舗で3ヶ月間集中的に改善に取り組んだのです。プロジェクトメンバーと店舗スタッフが一体となり、問題点を抽出。各店舗では約600もの問題点が挙げられ、優先順位を付けてその改善に取り組みました。

その中心に据えたのが「見える化」。店舗作業改善と「見える化」は、表裏一体のものと位置付けられたのです。

代表的なものとして、次のような取り組みを挙げることができます。

(1) 問題の「見える化」：フロアのレイアウト図に、洗い出された問題をマッピング。それを社員食堂の前に掲示することで、社員全員がどこにどんな問題があるのかを一覧。問題が解決されると青シール、未解決のままなら赤シールが貼られ、進《しん》捗《ちょく》管理にも使用。

(2) 基準の「見える化」：日用品、加工食品など個々の売り場で基準書を作成。標準作業を「見える化」するとともに、包材などの基準在庫を設定。これにより、当日入ったパート社員でもすぐに作業ができるようになった。

(3) バックヤードの「見える化」：「整理・整頓」（2S）を徹底し、バックヤードのデッドスペースを大幅に削減。台車や運搬用ゴンドラなどの置き場も「見える化」し、スペースの有効活用にもつなげた。

(4) 能力開発の「見える化」：従業員の能力やスキルがどの段階にあるのかを掲示板

で一覧。青が習得、黄色が研修中、赤が未習得。従業員のモチベーションを高めるとともに、誰が何をできるのかが明確なため、作業スケジュールの効率化にもつながった。

こうした取り組みによって、船橋店では日用品の在庫が、金額ベースで26％削減。ムダな作業も徹底的に削減し、他方、商品知識の教育時間を増やしたにもかかわらず、総労働時間は5・5％減少しました（図表34）。

スペースや業務の効率化は、コスト削減という効果にとどまらず、売り上げ増大につながる効果ももたらしています。空いた売り場スペースを特設カウンターとして利用したり、接客サービスの充実に取り組むことができるようになりまし

図表34　イトーヨーカ堂船橋店における「見える化」の効果

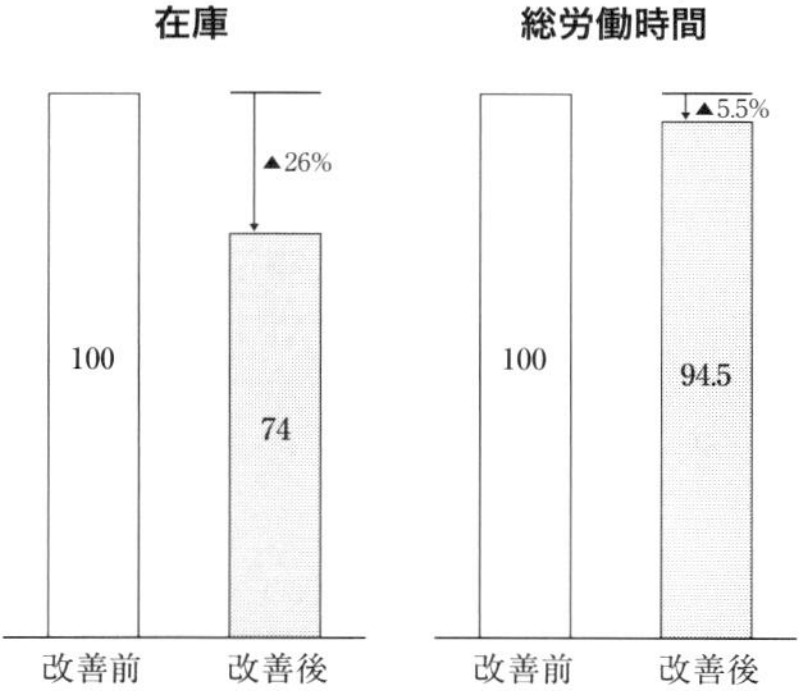

出典：「週刊東洋経済」（2006年1月21日号）

た。

その結果、この店舗では売上高が対前年比9%増、粗利益10%増という大きな成果を上げました。「見える化」の取り組みは、現場を活性化させ、収益増大という、直接的な効果を上げる起爆剤となりえるのです。

講義15
「見える化」の落とし穴

「見える化」で成果が上がらない原因

「見える化」の重要性、必要性を感じ、「見える化」に取り組んでいる会社、現場は数多くありますが、残念ながらその多くは大きな成果に結びついていません。その理由として、次の3つが挙げられます。

1つ目は、「見える化」そのものが目的化してしまうことです。「見える化」を実施するための掲示板を設けて、様々なメモや報告書を貼り出したり、ITを駆使して情報共有の仕組みをつくったりと、「見える化」らしきことはやっているのですが、表面的な取り組みで終わってしまい、肝心の問題解決につながっていません。

「見える化」の目的は、あくまでも問題解決活動を加速させ、根付かせること。「見える化」はそのための手段であり、道具なのです。

2つ目の理由は、「見える化」で最も大切な「悪い情報」や、「兆候」が見えるようにならないことです。当たり障《さわ》りのない情報だけが「見える化」されても、それでは意味がありません。

たとえば、品質劣化を招きかねないトラブルや顧客を失いかねないクレームなど、悪い情報や兆候こそいち早く「見える化」され、対策が講じられなければなりません。

「見える化」は「犯人探し」の道具ではありません。悪い情報や兆候を「見える化」した人こそ、プラス評価に値します。減点主義ではなく、加点主義の考え方で、「見える化」の重要性を現場に浸透させる必要があります。

3つ目の理由は、顧客志向の欠如です。せっかく掲示板やＩＴによる情報共有の仕組みをつくっても、あまりに大量の情報を盛り込みすぎたり、小さな文字が羅列してあるだけでは、「見える化」とは呼べません。「見る側への配慮」があまりにも欠けているのです。

「見える化」する側は、見えるようにした「つもり」かもしれませんが、見る側の立場からすると、何を伝えようとしているのか意図がまったく分かりません。それでは、見る側の関心をなくし、「見える化」どころか、「見えない化」に陥ってしまいます。

講義14で紹介した「アンドン」は、生産ラインに何か異常があれば、黄色いランプが点灯するだけのとてもシンプルな仕組みです。しかし、それによって「何かが発生した」ということは明確に伝わります。

何でもかんでも「見える」ようにするのではなく、本当に必要な情報だけに絞り込み、見る側に「気付き」をもたらすような工夫をする必要があるのです。

情報共有ではなく、共通認識の醸成を目指す

何のために「見える化」に取り組んでいるのですか？　と質問すると、最もよく返ってくる答えは、「情報共有」という答えです。確かに、「見える化」によって、今まで共有されていなかった情報は共有されるようになります。そのこと自体は悪いことではありません。

しかし、情報共有だけではけっして十分とは言えません。特に、昨今のＩＴの進展によって、情報は「洪水」状態です。様々な情報は既に共有されているけれど、正しく、的確に伝わっていないという「共通認識」の欠如こそ大きな問題なのです。

情報は共有していても、正しく理解していない、重要性の認識がずれているといったことが、現場では頻繁に起きています。共通認識にまで高められていないから、行動の不整合が起きるのです。

それでは、情報共有から共通認識へと高めるためには、どうしたらよいのでしょうか？残念ながら、秘策やマジックはありません。唯一の方策は、より多くの「対話」を生み出すことです。

「分かっているだろう」「伝わっているだろう」と勝手に思い込むのではなく、相手がきち

んと理解し、同じ認識になるまで直接「対話」を繰り返す。同じ部門内での「対話」が増え、共通認識が醸成されることこそ、「見える化」の目標です。

情報の送り手が一方的に「伝える」のではなく、受け手に「伝わる」ように工夫し、努力することが肝要です。そうした取り組みを、「伝わる化」と言います。「見える」は、密な対話によって「伝わる」へと変化するのです。

トヨタでは、「必死のコミュニケーション」という言葉があります。「相手に伝わらなかったら、それは送り手である自分の伝え方が悪かった、必死さが足りなかったと心得よ」という意味です。

コミュニケーションが大切であることは、言うまでもありません。しかし、より大切なのはコミュニケーションを「必死にやっているかどうか」です。「伝わる化」によって、共通認識が醸成され、一枚岩となった現場はきわめて大きな力を発揮します。

「見える化」によって、様々なものが「見える」ようになっただけで満足してはいけません。「見える」ようになった後こそ、対話の密度を高め、「伝わる化」によって共通認識を生み出す努力をする必要があるのです。

図表35 「見える化」による風土改革

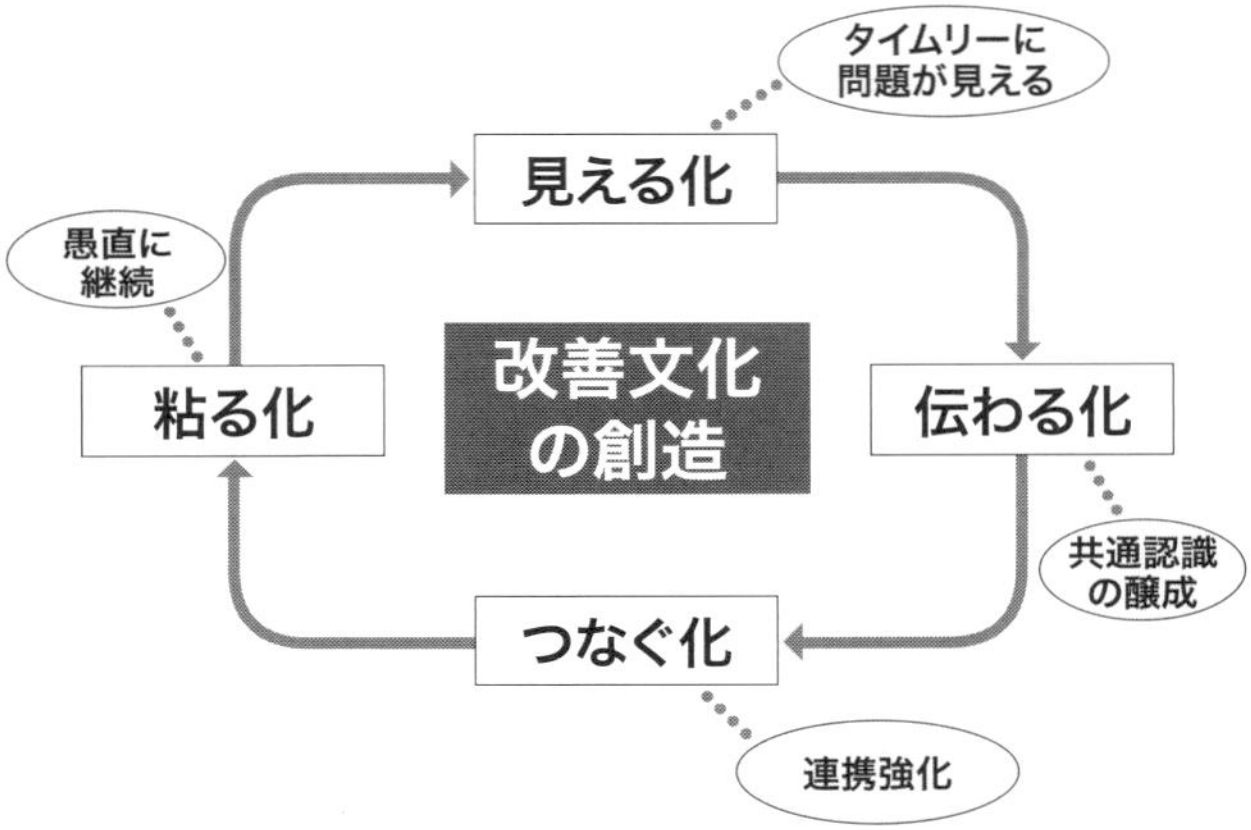

出典:著者作成

「つなぐ化」「粘る化」による風土改革

「見える化」の取り組みは、それぞれの職場や部門内の問題解決に限定されるものではありません。より重要なのは、複数の部門にまたがる問題を顕在化させ、部門横断的、機能横断的な取り組みを加速させることです(図表35)。

講義11でもお話ししたように、企業経営においてはどうしても「組織の壁」ができてしまい、業務や情報が分断され、一体となった運営が難しくなりがちです。業務上の様々な非効率や品質の劣化は、本来なら「一本の鎖」としてつながっていなくてはならない業務プロセスや、情報のフローが断絶していることが大きな要因です。

そうした事態に陥らないために必要なのが、「つなぐ化」です。仕事の流れ、情報の流れを部門横断的に淀《よど》みなく流れるよう整流化させ、常に全体最適を意識した仕事のやり方、判断や意思決定を行うことが大切です。

部門横断的な「見える化」が行われることによって、単に情報がつながるだけでなく、人と人がつながるようになります。「組織の壁」を越えた人間同士の連結力を高めることが、「つなぐ化」の目的なのです。

「見える化」を起点とした「伝わる化」「つなぐ化」は、組織全体での問題解決能力を高め、現場力を進化させます。

しかし、「見える化」は一朝一夕に効果が上がる「魔法の杖」ではありません。こうした取り組みは1年、2年という時間軸ではなく、10年単位で取り組むべきことです。

にもかかわらず、現場力強化や「見える化」を始めても、一過性の取り組みで終わってしまい、数年後には消えてしまう会社が実に多いのです。「始めたからには、10年は続けて、本物を目指す」という高いコミットメント、覚悟を持って取り組みましょう。それを「粘る化」と言います。

「粘る化」によって、「見える化」の取り組みに魂が注入され、本物の競争力へと高まります。「見える化」は現場の知恵を最大限に活かし、自律的な問題解決を愚直に続けるという企業風土を手に入れるための突破口となるのです。

ケーススタディ15　「見える化」で生産性を上げたソフトウェア会社

中堅ソフトウェア会社X社の社長は、生産性の低下、品質問題の多発で悩んでいました。売上高は順調に伸びているのですが、納期遅れや品質トラブルが次々と発生し、そうした問題に対処するためのコストが嵩《かさ》み、低収益に喘《あえ》いでいました。開発現場は疲弊し、活性化とはほど遠い状況でした。

事態をなんとか打開したいと考えた社長は、「見える化」の導入を決断しました。生産性の低下や品質問題も、ソフトウェアの開発プロセスにおける「見える化」ができていないことが原因だと考えたのです。

X社は、顧客企業からソフトウェアの開発を受託する仕事をメインにしていました。それぞれのプロジェクトには経験豊富なプロジェクトリーダーが任命されるのですが、そのプロジェクトマネジメントにおける「見える化」が徹底されておらず、納期遅れや品質トラブルの原因になっていたのです。

ソフトウェアの開発はシステムエンジニア（ＳＥ）によって行われますが、その仕事はどうしても属人的になりがちです。目に見えるものをつくっているわけではないので、みんなが問題を個人で抱え込み、先手先手で対策を行うことが難しい状況だったのです。

開発プロセスやＳＥの作業状況、ＳＥの得意・不得意などを「見える化」することで、生産性や品質を向上させたいと、社長は考えました。

社長は事業所Ａを対象に、「見える化」をパイロット的に導入することから始めました。いきなり全社的に「見える化」を導入するのではなく、Ａという事業所で実験的に取り組み、目に見える成果を上げた後、全社に広げていきたいと考えたのです。

事業所Ａではプロジェクトリーダーを中心に、10人程度のメンバーが選ばれました。彼らはまず「見える化」についてではなく、事業所Ａの抱えている問題の棚卸しから議論を始めました。

「見える化」は問題解決の手段であって、まずは解決すべき問題を特定することが重要だと認識していたからです。様々な問題が指摘されましたが、その中で最も優先順位が高いと思われたのが、事業所ＡにおけるＳＥたちの稼働状況が分からないということでした。

事業所Ａには約１００人のＳＥがいるのですが、彼らがどのくらい忙しいのか、逆にどのくらい余裕があるのかが見えないために、「負荷のアンバランス」が調整できないという指摘が上がったのです。忙しいSEは徹夜続き、一方では作業負荷が小さく、毎日定時に帰るSEもいる。この状況を放置しておいたのでは、生産性向上や品質改善はできないと考えたのです。

メンバーはその解決策として、とてもシンプルな「見える化」を考案しました。ホワイトボードと名前入りのマグネットを用意し、各自の負荷状況を毎朝自己申告する仕組みをつくり、全員が見ることができる事業所の中央に設置したのです。

その効果は絶大でした。仕事がパンク状態のSEが誰かが分かり、一方では仕事に余裕があるSEも「見える」ようになったのです。それにより、仕事の応援を頼んだり、仕事の負荷を調整することもはるかに容易になったのです。

「見える化」の威力を認識した事業所Aでは、「負荷の見える化」に続いて、様々な「見える化」を考案し、実行に移しました。「あれも見えるようにしよう」「これも必要だ」ということになり、数ヶ月経つと事業所の壁や複数のホワイトボードには、グラフやメモが山ほど貼り出されるようになりました（写真7）。

しかし、これは逆効果でした。たくさんの情報が一気に「見える化」されたために、

写真7：X社の「見える化」の取り組み

大切な情報が埋没してしまいました。多くの情報を「見える化」したために、却《かえ》って「見えない化」に陥ってしまったのです。

反省したプロジェクトメンバーたちは、「見える化」すべき情報を思い切って絞り込むことにしました。また、文字を大きくするなど伝わりやすくする工夫も施しました。さらに、情報共有を徹底させるために、「見える化」ボードの前で毎日5分ほどの朝礼、夕礼を行うことをルール化し、励行させました。

1年後、事業所Aの生産性は10%以上改善し、品質問題は激減しました。現在は、この取り組みをお手本として「見える化」を全社に広げ、業績の向上を実現しています。

補講1　強い現場を生み出すための7つの要素

これまでの15回の講義を通じて、現場力とは何か、「オペレーショナル・エクセレンス」とは何かを学んできました。この補講1では、全体のまとめとして、優れた現場力を実現するために具体的に何に取り組めばよいのかについてお話ししたいと思います。

現場力を生み出すために欠かすことができない要素として、次の7つが挙げられます（図表36）。個々についてはこれまでの講義でも触れてきましたが、これら7つの要素を有機的に組み合わせ、現場力の強化に取り組むことが必要です。

(1)「業務プロセス」：オペレーションの基本は、スムーズで効率的な「仕事の流れ」を設計することです。業務プロセス、業務の標準化、役割分担やルールの明確化など、淀《よど》みのない業務連鎖を設計することが「オペレーショナル・エクセレンス」のベースとなります。

(2)「人」：いくらスムーズな「仕事の流れ」を設計しても、実行するのはあくまでも

図表36　強い現場をつくる7つの要素

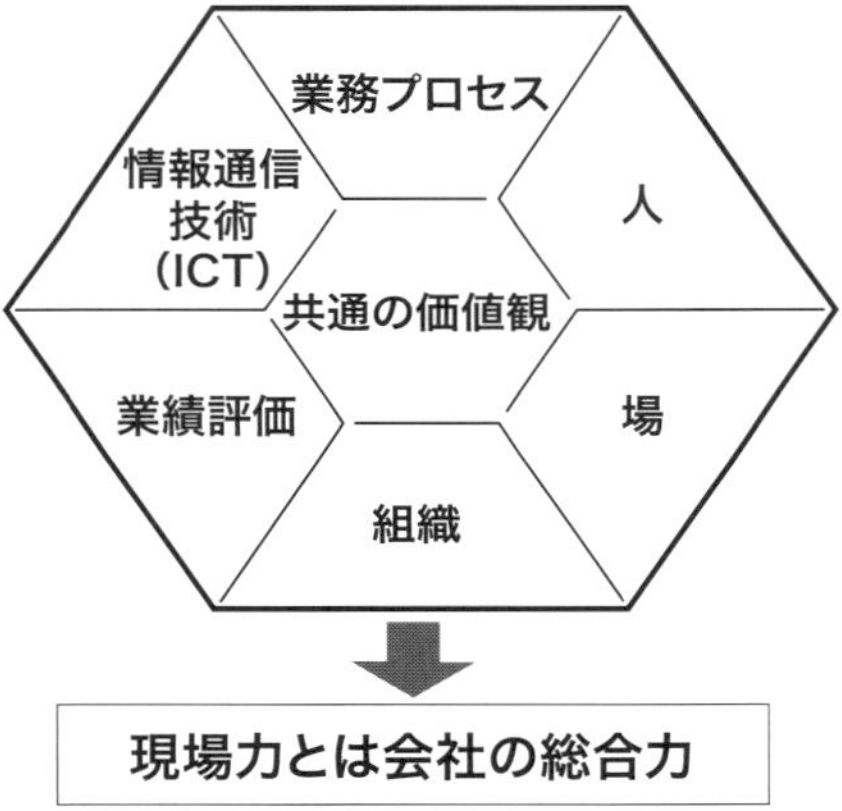

出典：著者作成

「人」です。オペレーションの実行を担う人材のスキル開発、能力開発、そして意欲向上が不可欠です。

(3)「場」：オペレーションは常に改善が求められます。問題を発見・解決し、オペレーションを進化させる「場」の設定が不可欠です。問題解決の「場」は、「人づくり」の「場」でもあります。

(4)「組織」：スムーズなオペレーションを遂行するには、フラットでシンプルな組織設計が必要です。指揮命令系統、責任と権限の明確化も欠かせない要素です。

(5)「業績評価」：現場力を高めるためには、部門や個人のパフォーマンス評価を的確に行い、「褒める仕組み」をつくる必要があります。納得度の高い評価指標（ものさし）を定め、改善や進化の「見える化」を実現することが大切です。

(6)「情報通信技術」（ＩＣＴ）：スムーズな「仕事の流れ」を運営したり、適切な業績評価などを行うためには、ＩＣＴの活用は欠かせません。オペレーションを支える「道具」として、有効活用することが必要です。

(7)「共通の価値観」：「現場がエンジンであり、現場力こそ競争力の源泉」という経営の意思を明確にし、独自の「ウェイ」を確立、浸透させることが求められます。それによって、継続的な取り組みが可能となります。

戦略の実行、実現を担うオペレーションは、こうした多様な要素で構成されており、それぞれの要素が互いに影響し合う複雑な「連立方程式」です。したがって、そのオペレーションに内包されている現場力という組織能力も、何かひとつの策さえ講じれば手に入るという単純なものではありません。

現場力は、現場の自主性、自発性、自律性を最大限に活かすことで発揮されます。しかし、それは現場の頑張りだけで引き出されるものではありません。問われるのは、会社の「総合力」なのです。

現場まかせにして、現場力が高まることはあり得ません。経営トップが現場の可能性を信じ、本社が司令塔となり、現場と一体となった取り組みを継続することによってのみ、現場という独自の競争力を手に入れることができるのです。

補講2　現場力とコア・コンピタンス

組織能力を示す概念は、現場力以外にも様々なコンセプトが生み出されてきました。私がボストン・コンサルティング・グループ（BCG）で駆け出しの戦略コンサルタントとして勤めていた頃、ジョージ・ストーク・ジュニアというBCGのコンサルタントが「Time-Based Competition」（TBC）という概念を打ち出し、一世を風靡《ふうび》しました。

BCGと言えば、「プロダクト・ポートフォリオ・マネジメント」（PPM）や「経験曲線」など、戦略における数多くの革新的な概念を生み出したことで有名ですが、TBCもそのひとつです。時間・スピードという組織能力に着目したのは、当時としては画期的なことでした。

組織能力を表す概念として最も有名なもののひとつは、「コア・コンピタンス」でしょう。ハメルとプラハラードの共著による『コア・コンピタンス経営』が1995年に刊行され、大きな話題となりました。

現場力とコア・コンピタンスは何が違うのですか？——私がよく受ける質問です。確かに、

図表37　現場力とコア・コンピタンスの関係

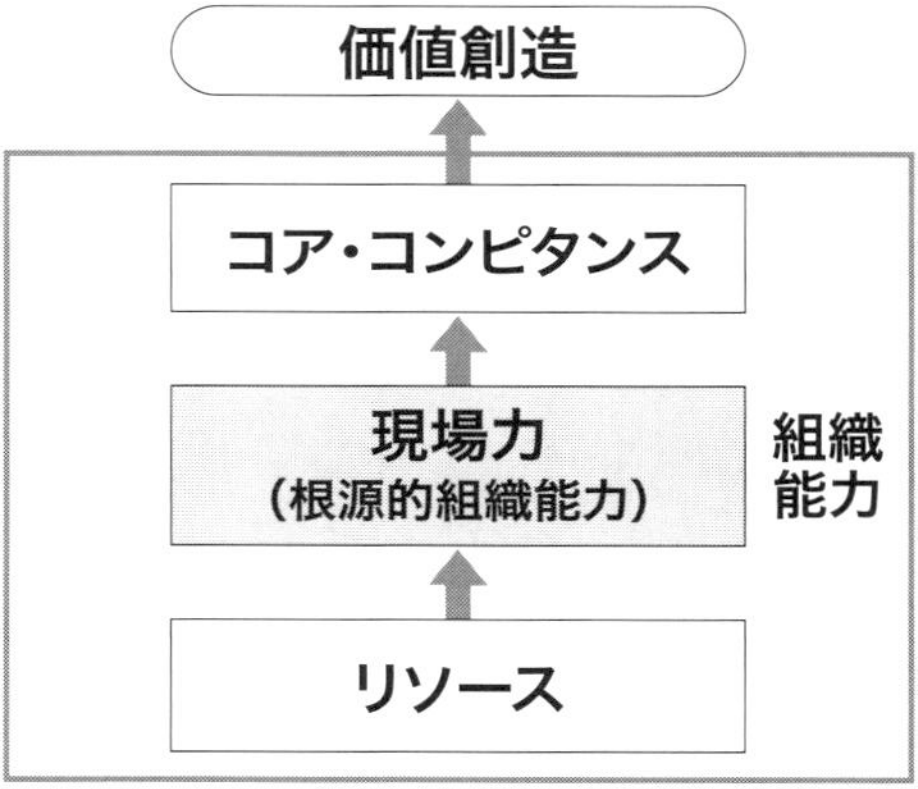

出典：著者作成

どちらも組織能力という目に見えないソフトの力を表す概念です。混同するのも無理からぬことです。

しかし、私の中では、現場力とコア・コンピタンスは明らかに異なる概念です。組織能力という大きな概念で括ることはできますが、その位置付け、内容は明らかに違うものです(図表37)。

ハメルとプラハラードは、コア・コンピタンスを「顧客に対して、真似のできない自社ならではの価値を提供する、企業の中核的能力」と定義しています。そして、その具体例として、「ソニーにとってその利益とは携帯性で、そのためのコア・コンピタンスは小型化である」と述べています。

つまり、「商品をコンパクトにすることができる」という能力こそが、ソニーの中核的な差別化能力であると定義しているのです。このように、コア・コンピタンスとは顧客への価値創造に直結する機能的・技術的能力と言うことができます。

一方、現場力はそうしたコア・コンピタンスを生み出すために必要な、もっと根源的で基盤となる組織能力であると位置付けられます。差別化につながるコア・コンピタンスを生み出すために不可欠な、基本的ではあるが普遍的な組織要件こそが現場力です。

スポーツの世界にたとえると分かりやすいかもしれません。それぞれの種目で日本一、世界一になるためには、各種目で勝つための技やスキルを磨かなければなりません。これがコア・コンピタンスです。

しかし、種目別の技やスキルを磨く以前に、アスリートとして必要な身体能力、基礎体力を持っていない限り、コア・コンピタンスは生まれてきません。この基礎的な身体能力こそが、現場力です。

かつてのソニーは、小型化技術というコア・コンピタンスによって、ひとつだけでなく数多くの製品にまたがる独自の優位性構築に成功しました。小型化による携帯性という具体的な価値を生み出しているのが、ソニーのコア・コンピタンスだったのです。

しかし、そのコア・コンピタンスは、一朝一夕にでき上がったものではありません。長年にわたる研鑽《けんさん》、試行錯誤の果てに培われ、その「果実」として生まれた独自の能力です。その「果実」を生み出すために、組織内に内在していなくてはならない、より根源的で普遍的な能力が、現場力という概念なのです。

ゴールに向かって日々問題解決を続け、愚直に改善する。チームワークを重視し、全員の知恵やアイデアを活かす。こうした基盤能力があるからこそ、コア・コンピタンスは生まれてくるのです。

私が現場力に着目するのは、こうした基盤能力が軽視されたり、劣化しているにもかかわらず、根本的な手が打てていない企業が増えているからです。コア・コンピタンスという「果実」を手に入れるためには、まずその「土壌」となる現場力を鍛え直す努力が不可欠なのです。

補講3　バリュー・ドリブンかインセンティブ・ドリブンか？

私は、2007年から中国のビジネススクール・長江商学院で客員教授を務めています。MBAプログラムだけでなく、経営トップや幹部を対象としたCEOプログラムやEMBA(Executive MBA)プログラムで、年に3回ほど講義を担当しています。

2009年までは、早稲田大学ビジネススクールが提携しているシンガポールの南洋理工大学ビジネススクールでも授業を受け持っていました。こちらはシンガポール人だけでなく、マレーシア人、タイ人、インド人など多様な国籍の学生たちが受講していました。

私の講義内容は、「日本企業のグローバル戦略と現場力」。日本企業の戦略の方向性を事例に基づいて講義するとともに、日本企業の競争力の源泉であるオペレーション、すなわち現場力についても解説します。

中国では、ホワイトボードに「現場力」と書くと、みんな「フムフム」とその概念については理解します。今やグローバル共通語となっている「カイゼン」についても、興味深く耳を傾けてきます。

「オペレーションで差別化する」という「オペレーショナル・エクセレンス」という考え方は、国の違いを超えて理解されるのです。

しかし、その「オペレーショナル・エクセレンス」をどのように実現するかというアプローチ、方法論については、日本とは考え方が大きく異なります。

私が講義の中で最も多く受ける質問は、「現場が問題解決を行うインセンティブは何か?」「カイゼンをすると、社員はいくらもらえるのか?」といった報奨（Reward）に関するものです。魅力的な「ニンジン」がなければ、現場がそれほど一生懸命働くはずがないと考えているのです。

「日本企業でもインセンティブは用意されているが、それは大きなウェイトではなく、継続的な問題解決や改善を行うことが現場の使命である、という価値観や思想が根付いているのだ」と説明すると、「信じられない」と驚きます。魅力的なインセンティブもないのに、そんな〝余計な仕事〟をするはずがないというのが彼らの〝常識〟なのです。

「オペレーショナル・エクセレンス」を確立するには、2つのアプローチがありえます。ひとつは日本企業がこれまで行ってきたように、価値観や思想を共有し、現場力を高める「バリュー・ドリブン」（Value-driven Operational Excellence）のアプローチです。終身雇用、長期雇用を前提とした「家族意識」（Sense of Family）や共同体意識がその根底にあります。

もうひとつは、海外の多くの学生が指摘する「インセンティブ・ドリブン」（Incentive-driven Operational Excellence）のアプローチです。金銭面などの魅力的なインセンティブを掲げることによって、現場のやる気を引き出そうとするものです。改善による効果に応じて直接的な報奨があるのなら、一生懸命頑張るし、知恵も出すという考え方です。

国や地域の文化や慣習、企業の位置付けなどが大きく異なるため、どちらが正しいという話ではありません。また、現場力を引き出すための画一的な方法論があるわけでもありません。

日本国内で、日本人だけでオペレーションを回している時には、「バリュー・ドリブン」が機能していました。しかし、グローバルレベルで現場力を高めるためには、「バリュー・ドリブン」のアプローチをとりながらも、海外人材のやる気を引き出すためのインセンティブを用意する必要性が高まっています。

近年、国内でも、価値観の異なる若手世代のやる気を引き出すためには、「バリュー・ドリブン」だけでは不十分になりつつあります。「バリュー・ドリブン」と「インセンティブ・ドリブン」をミックスさせたハイブリッド型のアプローチが求められていると言えます。

おわりに

本書では、早稲田大学ビジネススクールで私が行っている「現場力」の講義内容をお届けしました。私がこの授業を担当し始めたのは２００３年。戦略論において「組織能力」(Capability) という概念はありましたが、現場力というさらに具体的なテーマで授業を行っているのは、おそらく私しかいないのではと思っています。

ですから、「教科書」そのものがありません。一般的な戦略論を教えるのであれば、マイケル・ポーターやイゴール・アンゾフなどの「戦略の大家《たいか》」による教科書を使えばよいのですが、この授業ではゼロから概念化を行わなければなりませんでした。現地現物での事例研究を踏まえ、一歩一歩手探りで模索を続けてきました。

本書は、これまでに蓄積してきた現場力に関する私の考え方を、講義内容に沿ってまとめたものであり、現場力に関する初めての「教科書」と言えるかもしれません。ただし、現場力は実に奥が深く、本書もまだまだ発展途上のものだと思っています。

最近の戦略論の流れを見ると、組織能力の重要性は間違いなく高まっていると言えます。戦略の「実行」が、競争の成否を大きく左右するという認識が広がっている証左です。

しかし、その組織能力がどうすれば高まるかについては、ほとんど言及されていません。その理由は、補講1でも述べたように、現場力という組織能力が「これを変えれば、これが変わる」といった単純なものではなく、数多くの要素が複雑に絡み合う「連立方程式」だからです。

業務プロセス、組織、人材、制度、ＩＴなど、それぞれが独立した研究分野でもある様々な要素が、相互に影響を与えながら生まれるのが組織能力であり、その複雑性を解明し、一般化するのは容易なことではありません。私がライフワークとしている現場力の研究は、それ自体が無謀な取り組みなのかもしれません。

それでも、私は現場力という日本企業の生命線とも言える競争力の本質に、なんとか迫りたいと思っています。２０１０年には、「遠藤功の現場千本ノック」というサイト（http://gemba-sembonknock.com/）を立ち上げ、私が訪ね歩いた現場訪問記を記録として綴っています。本書で紹介しているケーススタディの多くは、こうして私が足で集めた事例を材料にしています。

冬の集中授業として行っている海外からの留学生向けの現場力の授業では、実際の現場訪問を織り交ぜて授業を行っています。現場のダイナミズム、現地現物の重要性を、学生たちに体感してもらいたいと思っているからです。

2012年「初頭」の授業では、本書でもご紹介した鉄道整備株式会社（テッセイ）の車両清掃の現場、再生を果たした日本航空の航空機整備の現場、そして電気自動車「リーフ」などを生産している日産自動車追浜工場の3ヶ所を訪問し、〝生〟の現場の息吹を感じてもらいました。現場の魅力、迫力を理解してもらうには、そこに身を置くのが一番です。

私はこれまでに400ヶ所以上の現場を訪ね歩いてきました。まだまだ道半ばですが、そこから見えてきた現場力の本質とは何か？

それは、「人の可能性を信じる」ことだと思っています。

人間は誰でも大きな可能性を秘めています。その可能性に火を付け、それを引き出し、チームの一員、職場の一員として思う存分力を発揮してもらう。これこそが、現場力というパワーの源です。

人の可能性は無限です。ならば、現場力の可能性も間違いなく無限だと私は信じています。

本書の執筆にあたっては、前著の『経営戦略の教科書』に引き続き、光文社の樋谷昭さん、古川遊也さんに大変お世話になりました。経営戦略と現場力という経営の両輪の「教科書」が揃い、とても嬉しく思っています。

また、いつものことながら、執筆の環境を整えてくれ、図表作成にも携わってくれた秘書の山下裕子さんに感謝申し上げます。

現場力はこれまでも、そしてこれからも日本の「宝」です。本書が参考となって、日本企業の現場力がさらにレベルアップすることを願っています。

【参考文献】

遠藤功『現場力を鍛える』東洋経済新報社、２００４年
遠藤功『見える化』東洋経済新報社、２００５年
遠藤功『現場力復権』東洋経済新報社、２００９年
遠藤功『未来のスケッチ』あさ出版、２０１０年
遠藤功『最強の現場力』青春出版社、２０１２年
ヤン・カールソン『真実の瞬間』ダイヤモンド社、１９９０年
蓬台浩明『社員をバーベキューに行かせよう！』東洋経済新報社、２０１０年
ゲイリー・ハメル＆C・K・プラハラード『コア・コンピタンス経営』日本経済新聞社、２００１年

ほかに『日本経済新聞』『日経ビジネス』などの新聞、雑誌を参考にした。主要記事は以下の通り。

『日本経済新聞』（２０１１年12月28日）「ヤマト　進路を探る」

『日経ビジネス』（２００３年7月21日）「強さの研究　花王」

『日経ビジネス』（２０１０年8月９‐16日）「スーパー最終戦争　反攻は最前線から」

『日経ビジネス』（２０１０年12月13日）「稼げるモノ作り　コマツの利益率はなぜ12％もあるのか」

『日経ビジネス』（２０１１年3月7日）「最強のチーム　7分間の新幹線劇場」

『ＭＯＶＥ』（２００4年5月号）「当社は敢えて正社員主義　第1回千葉夷隅ゴルフクラブ」

『MATERIAL FLOW』（２０１１年４月号）「物流人材教育・実践ケーススタディ　宅急便を中国スタンダードへ」

『月刊・生産財マーケティング』（２０１１年7月号）「世界一安全な工場目指し　サンドビックツーリングサプライジャパン瀬峰工場」

『PHP Business Review』（２０１２年5・6月号）「『本物』の経営者を育てよ!」

遠藤功（えんどういさお）
早稲田大学ビジネススクール教授。株式会社ローランド・ベルガー日本法人会長。早稲田大学商学部卒業。米国ボストンカレッジ経営学修士（MBA）。三菱電機株式会社、米系戦略コンサルティング会社を経て、現職。カラーズ・ビジネス・カレッジ学長。中国・長江商学院客員教授。株式会社良品計画社外取締役。著書は『経営戦略の教科書』（光文社新書）、『ビジネスマンの基礎知識としてのMBA入門』（共著、日経BP社）、『現場力を鍛える』『見える化』（以上、東洋経済新報社）、『課長力』（朝日新聞出版）など多数。

現場力《げんばりょく》の教科書《きょうかしょ》

2012年9月20日初版1刷発行

著　者 ── 遠藤功
発行者 ── 丸山弘順
装　幀 ── アラン・チャン
印刷所 ── 萩原印刷
製本所 ── ナショナル製本
発行所 ── 株式会社 光文社
東京都文京区音羽1-16-6（〒112-8011）
http://www.kobunsha.com/
電　話 ── 編集部03(5395)8289　書籍販売部03(5395)8113
業務部03(5395)8125
メール ── sinsyo@kobunsha.com

落丁本・乱丁本は業務部へご連絡くだされば、お取替えいたします。

ISBN 978-4-334-03703-1

600
現場力の教科書
遠藤功

早稲田で人気No.1授業の書籍化第2弾。あらゆる経営戦略にはそれを実行する「現場力」が不可欠。全18回の講義では様々な企業の現場を取り上げ、「現場力」の本質に迫る！

978-4-334-03703-1

601
もうダマされないための経済学講義
若田部昌澄

トンデモ経済学にはもうダマされない！　気鋭の経済学者が、歴史と絡めて経済学の基本を解説。「難しい」「わからない」という人のために「見えざる手」を見える化する。

978-4-334-03704-8

602
ヤクザ式　一瞬で「スゴい！」と思わせる人望術
向谷匡史

ビジネスの成功に不可欠な〝人望力〟を身につける一番の方法は、〝人たらし〟のプロ＝ヤクザに学ぶことだ！　長年ヤクザを取材してきた著者が、最強のノウハウを伝授。

978-4-334-03705-5

603
「ゼロリスク社会」の罠
「怖い」が判断を狂わせる
佐藤健太郎

化学物質、発がん物質、放射性物質……何が、どれくらいあるとどれだけ危険なのか。この時代を乗り切ってゆくために必要な〝リスクを見極める技術〟を気鋭の科学ライターが伝える。

978-4-334-03706-2

604
「ネットの自由」vs.著作権
TPPは、終わりの始まりなのか
福井健策

「情報と知財のルール」を作るのは誰か。その最適バランスとは？　これからの10年、論争の核となるアジェンダを第一人者が解説。〈巻末にTPP知財リーク文書抄訳を公開〉

978-4-334-03707-9